Christiane Wittkop · Polyphonie und Kohärenz

Christiane Wittkop

Polyphonie und Kohärenz

Wilhelm Müllers Gedichtzyklus „Die Winterreise“

M&P
VERLAG FÜR WISSENSCHAFT
UND FORSCHUNG

Die Deutsche Bibliothek – CIP-Einheitsaufnahme

Wittkop Christiane:
Polyphonie und Kohärenz : Wilhelm Müllers Gedichtzyklus
„Die Winterreise" / Christiane Wittkop. – Stuttgart : M und P,
Verl. für Wiss. und Forschung, 1994
ISBN 978-3-476-45063-0

ISBN 978-3-476-45063-0
ISBN 978-3-476-04220-0 (eBook)
DOI 10.1007/978-3-476-04220-0

M & P Verlag für Wissenschaft und Forschung
ein Verlag der J. B.Metzlerschen Verlagsbuchhandlung und
Carl Ernst Poeschel Verlag GmbH in Stuttgart

Ursprünglich erschienen bei J. B. Metzlersche Verlagsbuchhandlung
und Carl Ernst Poeschel Verlag GmbH in Stuttgart 1994

Mir gefallen diese Lieder mehr als alle, und sie werden Euch auch noch gefallen.

(Franz Schubert, nach Josef Spaun)

Vorwort

Christiane Wittkop stellt sich die Aufgabe einer auf genauer Formanalyse bestehenden Interpretation von Wilhelm Müllers Gedichtzyklus *Die Winterreise*, der, unabhängig von Schuberts überwältigender Musik, allein als Poesie betrachtet und gewertet werden soll. Der poeta minor wird aus dem Schatten des musikalischen Genius herausgeführt in das Licht der eigenen Wortkunst.

Das Buch berichtet gründlich und kritisch über Quellenlage und Forschungsliteratur zu Wilhelm Müller, wobei Verdienste anerkannt und Desiderate aufgezeigt werden. Das Neue an der Aufgabenstellung der vorliegenden Arbeit zu Wilhelm Müller ist die Intention einer "philologisch detaillierten Formanalyse" der *Winterreise*, "sowohl des zyklischen Ganzen als auch der Einzelgedichte". Es wird ersichtlich, "daß aus der Reihenfolge der Gedichte ein sukzessive sich entwickelndes psychisches Geschehen abzulesen ist". Hierbei lassen sich sowohl lineare wie zyklische Abläufe erkennen als "Variation wiederkehrender Motive" oder als "Wiederholung einer bestimmten Grunderfahrung".

Von den bisherigen Deutungen der *Winterreise* unterscheidet sich die hier gebotene nicht zuletzt durch die Konsequenz der poetologischen Fragestellung. Gefragt wird nach dem Niederschlag der erlebten Diskrepanz in der poetischen Sprache. Der statuierten "Distanz des Erlebenden zum Erlebnis" entspricht die "hier angewandte allegorische Form". Sie wird von Goethes symbolischer 'Erlebnislyrik' abgegrenzt, an deren Maßstäben als denen eines andersgearteten Gedichttypus sie nicht zu messen sei. Ihr wird "hoher Kunstcharakter" attestiert.

Die Grunderfahrung der gebrochenen Wirklichkeit ermöglichte nicht den bruchlosen Übergang von der wahrgenommenen Erscheinung über die geschaute Idee in das dichterische Bild. Der direkte Ausdruck eines persönlichen Erlebnisses im Spiegel des zu symbolischer Bedeutsamkeit gesteigerten Naturbilds war Wilhelm Müller verwehrt. Die Distanz zwischen seinen scharf konturierten Winterbildern und dem lyrischen Ich begründet die Differenz seines poetischen Verfahrens. Dieses manifestiert sich als Modus der "Verschriftlichung" im Zusammenhang mit den "Themen der Erstarrung und Entfremdung".

Die seelische Erkaltung findet in der winterlichen Landschaft ihr äußeres Korrelat, in der Form der Allegorie. Der "Themenkomplex von Entfremdung – Erstarrung – Fixierung" wird "in einzigartiger und überaus kunstvoller Weise" "zu einem Bezugssystem zusammengefügt". Dies ermöglicht die geräumige Struktur des Zyklus, darin im vielfältigen, kunstvollen Bezug der einzelnen Gedichte – "linear" und "kreisförmig" – das Grundthema zu "polyphoner" Entfaltung gelangt: "Polyphonie und Kohärenz".

In der *Winterreise* bricht eine Klage auf, die aus tieferen Schichten stammt als den "Bewußtseinsinhalten" der bürgerlich-kritischen Intelligenz" (G. Hartung) der Restaurationsepoche in ihrem mannigfach begründbaren Unbehagen, einschließlich dem bürgerlich-liberalen Bewußtsein des Autors. Die seelische Wirklichkeit, Zustand menschlicher Gespaltenheit und Entfremdung, versagt sich der unmittelbaren Aussage. Das motiviert die Distanz der gewählten allegorischen Form, aber auch die Bindung an das Volkslied und die Wahl der Rollendichtung. Für den Dichter bedeutet dies Möglichkeiten und Grenzen. Das Besondere der *Winterreise* besteht darin, daß es hier gelang, solch tiefgreifende und komplexe seelische Erfahrungen in der überkommenen, schlichten Volksliedform auszudrücken. Die Spannung zwischen traditioneller Schlichtheit und der Komplexität einer modernen Psyche gewinnt hier dichterische Ausdruckskraft und nuancenreichen Reiz. Dennoch ist zugleich festzuhalten, daß Müllers dichterische Formung einer modernen nihilistischen Welterfahrung aufgefangen wird durch die Form des Volkslieds und den ererbten Sprach- und Formelvorrat der Romantik (mit Auffrischungen realistischer Details), durch die Konvention der 'Rollenlyrik' und, nicht zuletzt, den Horizont eines personalen Ich. Dies setzt die Grenze, welche Wilhelm Müllers Lyrik von der modernen Lyrik trennt, mit ihrer Entdeckung einer neuen Dimension der Sprache und der Entfaltung der ihr immanenten Quellkraft, und mit ihrer Transzendenz der Person. Baudelaires

Allegorien in seiner Gestaltung des 'ennui' in den Spleen-Gedichten markieren den Abstand.

Die zweifache Grenze, die zurück gegen die Goethesche Erlebnislyrik und die nach vorn gegen den Symbolismus markiert Wilhelm Müllers literaturgeschichtlichen Ort, der von der Topographie eines homogenen Epochenbildes nicht adäquat zu fassen ist. Den typologischen Koordinaten der literarischen Zeitgenossenschaft entzieht sich die Inkongruenz dieser literarischen Individualität. Zu ihrer Bestimmung bedarf es, zusätzlich zu der synchronen Horizontalen, der über das Epochenkonstrukt rück- und vorwärtsweisenden Vertikalen, einerseits als Absetzung von der Tradition, andererseits als Annäherung an die Moderne. Im Rückblick erscheint die Literatur des 19. Jahrhunderts als Spannungsfeld epigonal konservativer und progressiv antizipatorischer Tendenzen, die synchron, gleichzeitig-ungleichzeitig, existieren. Wegen seiner Position zwischen den Epochen hat sich die Germanistik schwer getan, Wilhelm Müller literarhistorisch einzuordnen. Es ist das Verdienst dieser Monographie, die Eigenständigkeit und die Qualität seines dichterischen Vermögens überzeugend aufgezeigt zu haben. Die akribische Analyse und sensitive Interpretation der Texte der *Winterreise* erweist ihren Kunstcharakter von eigentümlicher Prägung und eigenem Wert, auch unabhängig von Schuberts genialer Musik, verwurzelt in ihrer 'Epoche' und durch 'moderne' Züge über sie hinausweisend – jenseits der 'Erlebnislyrik' und diesseits des Symbolismus.

Paul Hoffmann

Inhalt

I. Einleitung

Wilhelm Müller gehört zu den berühmten Unbekannten der deutschen Literatur. Jedermann kennt Müllersche Lieder wie 'Das Wandern ist des Müllers Lust', 'Am Brunnen vor dem Tore' oder 'Im Krug zum grünen Kranze', kaum jemand aber kennt den Dichter. Mit jenen Lyrikern, denen es gelungen ist, den Volksliedton zu vollendeter Meisterschaft zu entfalten, teilt er die Auszeichnung der Anonymität. Wie Matthias Claudius' 'Der Mond ist aufgegangen' oder Heinrich Heines 'Ich weiß nicht, was soll es bedeuten' dank ihrer Vertonung als Volkslieder überliefert wurden, so erreichten auch Müllers Gedichte aufgrund ihrer zahlreichen musikalischen Kompositionen eine Popularität, an der sein Name keinen Anteil mehr hat.

Die Sangbarkeit indessen war Zweck dieser Gedichte, sie lag Müller als Idee schon beim Schreiben im Kopf. Im Tagebuch notiert er bereits 1815:

> Es ist ein gar liebes Dichten, das Dichten im Innern, das auch wieder zum Innern dringt. Ich trage so manchmal ein Lied lange Zeit mit mir herum, es vollendet sich in mir, es feilt sich sogar – dann aufgeschrieben schnell und ohne Veränderung. Das sind dann meine besten Sachen.[1]

Musikalische Bewegung und sprachliche Gestaltung greifen bereits beim Schaffensprozeß "im Innern" eng ineinander. Daß er seinen Gedichten nicht selbst eine Melodie unterlegen konnte, hat Müller als einen Mangel empfunden. Er wünschte sie sich vertont:

> Ich kann weder spielen noch singen und wenn ich dichte, so sing ich doch und spiele auch. Wenn ich die Weisen von mir geben könnte, so würden meine Lieder besser gefallen, als jetzt. Aber, getrost, es kann sich ja eine gleichgestimmte Seele finden, die die Weise aus den Worten heraushorcht und sie mir zurückgiebt.[2]

Dieser Wunsch ist mehr als erfüllt worden. In seiner Studie von 1924 dokumentiert Richard P. Koepke, "daß 123 Gedichte (Müllers) von nicht

---

1 Müller, Wilhelm: (2) Diary and Letters, hrsg. v. Philip Schuyler Allen und James Taft Hatfield, Chicago 1903, S. 6.

2 Müller (2), S. 5.

weniger als 241 Komponisten 530x vertont worden sind"[3], darunter von Johannes Brahms, Hugo Wolf, Fanny Mendelssohn, Ludwig Berger, Carl Loewe, Albert Methfessel, Conradin Kreutzer, Giacomo Meyerbeer und, allen voran, von Franz Schubert. Daneben sind zahlreiche Gedichte Müllers als Volkslieder in Anthologien eingegangen, allein 19 in die Ausgabe *Unsere volkstümlichen Lieder* von Hoffmann von Fallersleben. Auch Hermann Hesse nahm 1910 in seine Auswahl deutscher Volkslieder zwei Gedichte Müllers auf und gab der Sammlung den Titel *Der Lindenbaum.*

In der Rezeptionsgeschichte Müllers

> ist es zu bemerkenswerten Paradoxien gekommen. Während nämlich die renommierten Komponisten der Zeit, denen er sich freundschaftlich verbunden fühlt (wie etwa Carl Maria von Weber oder Felix Mendelssohn-Bartholdy) keines seiner Werke vertonen, gelangten Franz Schuberts Kompositionen der 'Schönen Müllerin' und der 'Winterreise' nicht einmal zu seiner Kenntnis. In diesen Adaptionen aber avancieren Müllers Zyklen nicht nur zu den weltweit bekanntesten Gedichten deutscher Sprache; Schubert wird allmählich auch zum fast ausschließlichen Anlaß, den Namen des bis an die Schwelle zum 20. Jahrhundert in hohem Ansehen stehenden Dichters überhaupt noch zu erwähnen.[4]

Wer aber war Wilhelm Müller? Wenig Privates ist über ihn bekannt, manche Einzelheit wohl auch – wie spekuliert wird[5] – unterschlagen worden. Die Biographien enthalten teilweise bis heute noch Ungenauigkeiten, die auf die erste Lebensbeschreibung Müllers von Gustav Schwab[6] (1830) und diejenige von Müllers Sohn Friedrich Max Müller[7] von 1885 zurückgehen.

---

3 Koepke, Richard. P.: Wilhelm Müllers Dichtung und ihre musikalische Komposition, Diss. Northwestern University 1924.

4 Hans-Rüdiger Schwab in seinem Nachwort zu Müller, Wilhelm: (12) Die Winterreise und andere Gedichte, hrsg. v. Hans-Rüdiger Schwab, Frankfurt a.M. 1986, S. 160 f.

5 Vgl. Wäschke, Hermann: Aus Wilhelm Müllers Jugendzeit, in: Zerbster Jahrbuch 10, 1914, S. 58; Baumann, Cecilia: (2) Wilhelm Müller. The Poet of the Schubert Song Cycles: His Life and Works, Pennsylvania State University 1981, S. XII f.

6 Schwab, Gustav: Wilhelm Müller's Leben, in: Müller, Wilhelm: (11) Vermischte Schriften, hrsg. v. Gustav Schwab, 5 Bde., Leipzig 1830, Bd. 1, S. XVII-LXIII.

7 Müller, Friedrich Max: Wilhelm Müller, in: Allgemeine Deutsche Biographie 22, 1885, S. 683-694.

Er wurde am 7. Oktober 1794 in Dessau geboren. Das Elternhaus war arm, von Krankheiten und Schicksalsschlägen geprägt. Von den sieben Kindern starben alle außer Wilhelm bereits im frühen Kindesalter. Kompensatorisch wurde ihm, dem Einzigen, das Gymnasium ermöglicht und damit der Weg in die Bildungselite. 1808, als Wilhelm 14 Jahre alt war, starb die Mutter. Aus dieser Zeit datieren die ersten poetischen Versuche. 1812 verließ er die Enge des puritanischen Elternhauses und zog nach Berlin zum Studium der klassischen Philologie und Geschichte, das im Jahr 1813 durch die freiwillige Teilnahme am Befreiungskrieg gegen Napoleon unterbrochen wurde. Er studierte bei Friedrich August Wolf, August Boeckh und Philipp Buttmann sowie bei dem Historiker Christian Friedrich Rühs und dem Philosophen Karl Wilhelm Ferdinand Solger. Wolf, Boeckh und Solger zählten damals jeweils zu den Bedeutendsten ihres Fachs. Er verkehrte in Berlins literarischen Kreisen, unterhielt Freundschaften zu namhaften Persönlichkeiten wie Rahel Varnhagen van Ense, Graf Friedrich von Kalckreuth, Friedrich de la Motte Fouqué, Achim von Arnim, Clemens Brentano, Gustav Schwab und anderen mehr. Über den Maler und Freund Wilhelm Hensel lernte er Luise Hensel kennen, die er – wie so viele – glühend verehrte. Bei den wöchentlichen Treffen der Freunde im Hause des Dichters und Staatsrats Friedrich August von Stägemann waren alle drei an der Konzeption des Liederspiels *Rose, die schöne Müllerin*, das auf Paesiellos Oper *La Molinara* zurückging, beteiligt. Der Komponist Ludwig Berger, der der Aufführung im November 1816 beiwohnte, regte Müller zu weiteren Gedichten über das Thema an. Daraus entstand bis 1820 einer der schönsten Zyklen der deutschen Literatur: *Die schöne Müllerin.*

Müllers kurzes Leben – er starb 33jährig am 30. September 1827 – erstaunt durch eine 1816, noch während des Studiums begonnene lange Kette verschiedenartigster Publikationen: Neben eigenen Gedichtbänden erschienen Übersetzungen aus verschiedenen Sprachen, darunter Christopher Marlowes

Doctor Faustus[8] und Claude Fauriels zweibändige Ausgabe der *Neugriechischen Volkslieder*[9]. Er veröffentlichte die fiktive Briefsammlung *Rom, Römer und Römerinnen*[10] und eine wissenschaftliche Arbeit zu Homer unter dem Titel *Homerische Vorschule. Eine Einleitung in das Studium der Ilias und Odyssee*[11]. Daneben entstanden Erzählungen, literaturkritische Aufsätze und zahlreiche feuilletonistische und enzyklopädische Beiträge zum Broterwerb. Auch als Herausgeber war Müller tätig.[12] An die Arbeit für den Leipziger Verlagsbuchhändler und Redakteur Friedrich Arnold Brockhaus "knüpfte sich eine literarisch verhängnisvolle Entwicklung. Müller ging so viele Verpflichtungen journalistischer Art ein, daß er sich in dem kaum noch zu entwirrenden Auftragsgeflecht immer mehr verstrickte."[13] "Wenn ich ein Allerwelts-Geschwindschreiber werde", so schrieb Müller an Brockhaus, "so haben Sie mich auf Ihrem Gewissen."[14]

Nach dem Abschluß seines Studiums, im Sommer 1817, wurde Müller von seinem Lehrer August Boeckh beauftragt, einen Adligen auf einer Bildungs-

---

8 Marlowe, Christopher: Doktor Faustus. Mit einer Vorrede von Ludwig Achim von Arnim, übersetzt von Wilhelm Müller, Berlin 1818. Es wird vermutet, daß durch diese erste deutsche Version des Dramas Goethe – der von Arnim eine Kopie des Buches erhielt – überhaupt erst mit den Marloweschen Faust bekannt wurde. Für Goethes eigene Faust-Bearbeitung war Marlowes Stück von großer Bedeutung.

9 Fauriel, Claude: Neugriechische Volkslieder gesammelt und hrsg. von Claude Fauriel, übersetzt und mit des französischen Herausgebers und eigenen Erläuterungen versehen von Wilhelm Müller, 2 Bde., Leipzig 1825. Kritiker fanden hierfür lobende Worte, da sich Müllers Übertragungen sehr nahe am Original hielten, ohne daß die poetische Kraft der Gedichte dadurch beeinträchtigt wurde.

10 Müller, Wilhelm: (8) Rom, Römer und Römerinnen. Eine Sammlung vertrauter Briefe aus Rom und Albano mit einigen späteren Zusätzen und Belegen, 2 Bde., Berlin 1820.

11 Müller, Wilhelm: (7) Homerische Vorschule. Eine Einleitung in das Studium der Ilias und Odyssee, Leipzig 1824. Diese Arbeit erfuhr im Jahr 1836 sogar eine zweite Auflage.

12 Müller, Wilhelm: (1) Bibliothek deutscher Dichter des 17. Jahrhunderts, hrsg. v. Wilhelm Müller, 10 Bde., Leipzig 1822 ff.; Müller, Wilhelm: (3) Egeria. Raccolta di poesie Italiane populari, hrsg. v. Wilhelm Müller und Oskar Ludwig Bernhard Wolff, Leipzig 1829.

13 Müller, Wilhelm: (9) Röm, Römer und Römerinnen, hrsg. v. Wulf Kirsten, Berlin ^{2}1983, S. 297.

14 Brief an Brockhaus vom 14. November 1821, in: Lohre, Heinrich (Hrsg.): Wilhelm Müller als Kritiker und Erzähler. Ein Lebensbild mit Briefen an F.A. Brockhaus und anderen Schriftstücken, Leipzig 1927, S. 141.

reise nach Griechenland und den Vorderen Orient zu begleiten, um über klassische Altertümer und Kunstwerke zu berichten. Die Route mußte kurzfristig geändert werden und führte zunächst nach Italien, wo es aber zum Bruch zwischen den Reisenden kam. Damit begann für Müller eine intensiv erlebte und glückliche Zeit in Italien. In der deutschen Künstlerkolonie in Rom lernte er viele Gleichgesinnte kennen, die hier vor den bedrückenden politischen Verhältnissen in Deutschland Zuflucht gefunden hatten – unter ihnen Friedrich Rückert, der schwedische Dichter Per Daniel Amadeus Atterbom, der Kunsthistoriker Karl Friedrich von Rumohr und der Maler und Erzähler Ludwig Sigismund Ruhl. Die Rückkehr ins Deutschland der Zensur und politischen Repression gelang innerlich nur schwer: "Nichts will mir hier behagen", schrieb der Enttäuschte in einem Brief an Rumohr.[15]

Doch mußte eine berufliche Perspektive ins Auge gefaßt werden: Ende 1818 trat er in seiner Vaterstadt Dessau eine "Gehülfslehrerstelle" an und arbeitete als Bibliothekar. Daneben war er pausenlos mit kritischen und literarischen Beiträgen für verschiedene Zeitschriften beschäftigt.

1820 starb Müllers Vater. Im gleichen Jahr lernte er Adelheid von Basedow, die Enkelin des bekannten Philanthropen Johann Bernhard Basedow, kennen, die er heiratete. Zwei Kinder wurden geboren: Auguste und Friedrich Max, der später ein berühmter Indologe wurde.

Als 'Griechenmüller' wurde Wilhelm Müller schließlich über die Grenzen Deutschlands hinaus berühmt. Mit leidenschaftlichem Engagement trat er im Griechischen Freiheitskampf 1821 für die Sache der Griechen ein: Seine patriotischen *Lieder der Griechen* – mit denen er sich in die "große Tradition revolutionärer deutscher Dichtung."[16] einreihte – waren in der ersten Auflage von 1000 Heften sogleich vergriffen.

Auch die übrigen Gedichte erfreuten sich der zeitgenössischen Wertschätzung. Zumal bei den schwäbischen Dichtern, mit denen sich insbesondere

15 Brief an Rumohr vom 15. November 1818, in: Wahl, Paul (Hrsg.): Wilhelm Müllers Rheinreise von 1827 sowie Gedichte und Briefe, Dessau 1931, S. 75.

16 Wulf Kirsten in seinem Nachwort zu Müller (9), S. 301.

im Anschluß an seine letzte Reise im Jahr 1827 die intensivsten Kontakte ergaben, war Müller sehr beliebt. Kurz nach seiner Rückkehr von dort, in der Nacht vom 30. September zum 1. Oktober 1827, starb Müller völlig unerwartet an einem Schlaganfall. Wenige Tage darauf wäre er 33 Jahre alt geworden.

II. Rezeptionsgeschichte

1. Müller und seine Zeitgenossen

Die außerordentliche Wirkung Wilhelm Müllers gründet auf seinem lyrischen Werk. "Er war der erste Lyriker seiner Zeit", äußert sich Willibald Alexis in seinen *Erinnerungen*[1] und spricht damit aus, was viele der Zeitgenossen empfanden.

> Seine Lieder eines reisenden Waldhornisten, seine berühmten, so mächtig damals tönenden Griechenlieder, werden seinen Namen erhalten. Auch Wilhelm Müller war ein Liberaler, im schönsten Sinne des Wortes. (...) Es war die lichthelle Macht der Überzeugung, die in ihm zu Liedern emporschoß. Nicht schwärmerische Träume, seliger Glaube an seine frische Wahrheit durchglühte ihn. Daher gewinnt sein Liberalismus eine positive Gestalt.
>
> Nichts von giftigen Schatten, trüber Reflexion, keine weithergeholten Trostgründe.[2]

Die Gedichte, von dem "hochverehrten und inniggeliebten Freunde Ludwig Tieck" durch "mannigfache Belehrung und Ermunterung"[3] auf den Weg in die Öffentlichkeit gebracht, erfreuten sich schon bald einer überaus großen Popularität. Der Grund hierfür lag in der "Kunst ihrer Einfachheit"[4]: Einer der ersten Kritiker lobte Wilhelm Müller, "weil er echt volkstümlich ist, was so wenige zu sein verstehen".[5] Mit dieser Volkstümlichkeit kam er einem Bedürfnis der Zeit entgegen, in der die Lyrik auf dem "trocknen Boden der

---

1 Alexis, Willibald (Theodor Häring): Erinnerungen, hrsg. v. Max Ewert, Berlin 1905, S. 298.

2 Alexis, S. 298-99.

3 Müller, Wilhelm: (10) Sieben und siebzig Gedichte aus den hinterlassenen Papieren eines reisenden Waldhornisten, Dessau ²1826, Widmung an Tieck.

4 Diese treffende Formulierung entnehme ich dem Titel des Aufsatzes von Nigel Reeves: The Art of Simplicity: Heinrich Heine and Wilhelm Müller, in: Oxford German Studies 5, 1970, S. 48-66.

5 Zit. bei Becker, Alois: Die Kunstanschauung Wilhelm Müllers. Ein Beitrag zum Verständnis und zur Würdigung seiner künstlerischen Persönlichkeit, Diss. Leipzig 1908, S. 87.

Reflexion" nur noch als "Wucherkraut der declamatorischen Phraseologie"[6] hervorschoß. Mit dem von Herder 1773 in seinem *Auszug aus einem Briefwechsel über Ossian und die Lieder alter Völker*[7] geprägten Begriff des "Volkslieds" verband sich ein intensives Nachdenken über die zeitgenössische Lyrik. Überlieferte Formen der Volkskultur sollten in der nachaufklärerischen Hochkultur etabliert werden. Intendiert war damit die Überwindung der Diskrepanz zwischen Reflexion und Gefühl. Im Rückgriff auf die mündlich überlieferte Poesie der Alten und ihr "goldenes Zeitalter" sollte der sich selbst problematisch gewordene Intellekt durch die Kunst zu einem ursprünglicheren Lebenszustand zurückfinden. Dabei ging es nicht um Nachahmung, sondern um die Suche nach einem Gemeinsamen als Grundlage zu einem lebendigen gesellschaftlichen Austausch. Die Poesie wurde wesensmäßig als "Muttersprache" (Hamann) der menschlichen Gattung betrachtet und besaß damit einheitstiftende Funktion. Ihre Kriterien waren Unmittelbarkeit des Erlebnisausdrucks, Intersubjektivität und Sangbarkeit, Schlichtheit auf der einen und Artistik auf der anderen Seite. Umfangreiche Sammlungen alter Volkslieder entstanden; Arnims und Brentanos Sammlung *Des Knaben Wunderhorn* galt neben der Lyrik Uhlands und Goethes als repräsentativ. Doch geriet das Schreiben von Gedichten zur Mode. Im bloßen Wiederholen der alten Formen verkam die Poesie zur oberflächlichen Spielerei, die weder viel mit Volkstümlichkeit noch mit Zeitbezogenheit zu tun hatte. Dagegen wandte sich Müller, der von sich selbst behauptete, "im Styl sehr skrupulös und ein ängstlicher Silbenstecher"[8] zu sein:

> Die eigenthümliche Natur des Volksliedes ist die Unmittelbarkeit seiner Wirkung auf das Leben. Das Leben kann aber nur durch das Leben lebendig ausgesprochen werden. Daher ist es ein heilloser Irrthum einiger Modedichter der nächsten Vergangenheit, dass sie Volkslieder zu geben meinten, wenn sie alterthümliche Phrasen,

---

6 Müller (11), Bd. 4, S. 105-106.

7 Herder, Johann Gottfried: Auszug aus einem Briefwechsel über Ossian und die Lieder alter Völker, in: Schriften zur Ästhetik und Literatur 1767-1781, hrsg. v. Gunter E. Grimm, Frankfurt a.M. 1993, Bd. 2, S. 447-497.

8 Brief an Brockhaus vom 19. Februar 1827, in: Lohre, S. 274.

> unbeholfene Wendungen, auch wohl gemeine Derbheiten aus den alten Vorbildern nachäffend zu neuen Verbindungen zusammenfügten. Keiner Dichtungsart liegt es mehr ob als der lyrischen, zeitgemäß zu sein.[9]

Diese Zeitgemäßheit aber, verbunden mit einem natürlichen Volkston, bestimmt Wilhelm Müllers eigene Gedichte in hohem Maße. Hier ist auch der Grund für die Begeisterung zu suchen, die sie bei dem jungen Heine auszulösen vermochten. Der enthusiastische Brief Heines an Müller vom 7. Juni 1826 sei hier ausführlich zitiert, nicht nur, weil er diesen Doppelaspekt beleuchtet, sondern auch, weil er eines der schönsten Zeugnisse in der Rezeptionsgeschichte der Müllerschen Lyrik darstellt:

> Ich ergreife die Gelegenheit, Ihnen bey Uebersendung meiner 'Reisebilder' einige Worte des Herzens zukommen zu lassen. Ich hätte Ihnen schon längst schreiben und Ihnen danken sollen für die liebevolle Aufnahme, welche meine Tragödien und Lieder bey Ihnen gefunden. (...) Ich bin groß genug, Ihnen offen zu bekennen, daß mein kleines 'Intermezzo'-Metrum nicht bloß zufällige Ähnlichkeit mit Ihrem gewöhnlichen Metrum hat, sondern daß es wahrscheinlich seinen geheimsten Tonfall Ihren Liedern verdankt, indem es die lieben Müllerschen Lieder waren, die ich zu eben der Zeit kennen lernte, als ich das 'Intermezzo' schrieb. Ich habe sehr früh schon das deutsche Volkslied auf mich einwirken lassen; späterhin, als ich in Bonn studirte, hat mir August Schlegel viel metrische Geheimnisse aufgeschlossen, aber ich glaube erst in Ihren Liedern den reinen Klang und die wahre Einfachheit, wonach ich immer strebte, gefunden zu haben. Wie rein, wie klar sind Ihre Lieder, und sämmtlich sind es Volkslieder. In meinen Gedichten hingegen ist nur die Form einigermaßen volksthümlich, der Inhalt gehört der convenzionnellen Gesellschaft. Ja, ich bin groß genug, es sogar bestimmt zu wiederholen, und Sie werden es mahl öffentlich ausgesprochen finden, daß mir durch die Lektüre Ihrer 77 Gedichte zuerst klar geworden, wie man aus den alten vorhandenen Volksliedformen neue Formen bilden kann, die ebenfalls volksthümlich sind, ohne daß man nöthig hat, die alten Sprachholperigkeiten und Unbeholfenheiten nachzuahmen. Im zweyten Theile Ihrer Gedichte fand ich die Form noch reiner, noch durchsichtig klarer – doch, was spreche ich viel von Formwesen, es drängt mich mehr, Ihnen zu sagen,

9 Müller (11), Bd. 4, S. 105-106.

> daß ich keinen Liederdichter außer Goethe so sehr liebe wie Sie. Uhlands Ton ist nicht eigenthümlich genug und gehört eigentlich den alten Gedichten, woraus er seine Stoffe, Bilder und Wendungen nimmt. Unendlich reicher und origineller ist Rückert, aber ich habe an ihm zu tadeln alles, was ich an mir selbst tadle: wir sind uns im Irrthum verwandt, und er wird mir oft so unleidlich, wie ich es mir selbst werde. Nur Sie, Wilhelm Müller, bleiben mir also rein genießbar übrig, mit Ihrer ewigen Frische und jugendlichen Ursprünglichkeit. (...) Ich bitte, bleiben Sie mir gewogen, werden Sie nie irre an mir, und laßt uns in gemeinschaftlichem Streben alt zusammen werden. Ich bin eitel genug, zu glauben, daß mein Name einst, wenn wir beyde nicht mehr sind, mit dem Ihrigen zusammen genannt wird – darum laßt uns auch im Leben liebevoll verbunden seyn.[10]

Obwohl man die Tatsache nicht vergessen sollte, daß Heine ein außerordentlicher Schmeichler sein konnte, wenn er sich Vorteil davon versprach – Müller war ein unnachgiebiger Kritiker[11] – scheint dieser Brief doch einigermaßen aufrichtig gemeint zu sein, zumal Heine, Jahre nach Müllers Tod, in der *Romantischen Schule* sein Urteil nicht wesentlich revidierte: Er erwähnt Müller hier im Zusammenhang mit Uhland, Eichendorff, Kerner und Schwab:

> Wilhelm Müller, den uns der Tod in seiner heitersten Jugendfülle entrissen, muß hier ebenfalls erwähnt werden. In der Nachbildung des deutschen Volkslieds klingt er ganz zusammen mit Herren Uhland;

---

10 Heine, Heinrich: (1) Briefe. Erste Gesamtausgabe nach den Handschriften, herausgegeben, eingeleitet und erläutert von Friedrich Hirt, Mainz 1950, Bd. 1, S. 269-271.

11 Der Umstand, daß Müller kein Blatt vor den Mund nahm – und auch vor einem Goethe nicht zurückschreckte, wenn es darum ging, auf Schludrigkeiten aufmerksam zu machen –, brachte ihn in Mißkredit bei dem Dichterfürsten. "In seiner Rezension der französischen Ausgabe von Fauriels Sammlung der Neugriechischen Volkslieder (Allgem. Literatur-Zeitung, Halle, Januar 1825, Nr. 7) hatte W. M. von Goethes Übersetzungen in 'Kunst und Alterthum' u.a. gesagt: 'sie wimmeln von den ärgsten Mißverständnissen'; auch in der Vorrede zu seiner eignen Übersetzung Fauriels (Leipzig 1825, I, VII f.) nimmt er sie mit gleicher Schärfe aufs Korn." (Hatfield, James Taft: Berichtigung des Datums und Inhalts eines Goetheschen Gespräches mit Kanzler Friedrich von Müller, in: Goethe-Jahrbuch 29, 1908, S. 187, Anm. 3).

Goethe seinerseits fühlte sich veranlaßt gegenüber Kanzler von Müller zu äußern, "Hofrath Wilhelm Müller sei ihm eine unangenehme Personnage, suffisant, überdies Brillen tragend." (Goethes Gespräche in vier Bänden. Eine Sammlung zeitgenössischer Berichte aus seinem Umgang auf Grund der Ausgabe und des Nachlasses von Flodoard Freiherrn von Biedermann. Ergänzt und herausgegeben von Wolfgang Herwig, Zürich und Stuttgart 1972, Bd. III 2, S. 224).

> mich will es sogar bedünken als sey er in solchem Gebiethe manchmal glücklicher und überträfe ihn an Natürlichkeit. Er erkannte tiefer den Geist der alten Liedesformen, und brauchte sie daher nicht äußerlich nachzuahmen; wir finden daher bey ihm ein freyeres Handhaben der Uebergänge und ein verständiges Vermeiden aller veralteten Wendungen und Ausdrücke.[12]

Gerade diesem Umstand aber, daß Müller "tiefer den Geist der alten Liedesformen" erkannte, mag es zuzuschreiben sein, daß sein Name hinter seinen Liedern fast völlig in Vergessenheit geriet. Die Gedichte erfuhren ein ähnliches Schicksal wie die des Freiherrn von Eichendorff. Sie wurden musikalisch überliefert – entweder als Kunstlieder durch verschiedene Komponisten, oder als Volkslieder durch Männergesangvereine, Liedertafeln, studentische Kommerse –, lange bevor die literarische Rezeption auf sie aufmerksam wurde.

2. Quellenlage

Eine historisch-kritische Edition des Müllerschen Œuvres liegt bedauerlicherweise immer noch nicht vor. Immerhin ist aber eine solche zu erwarten: Seit nunmehr zehn Jahren arbeitet die Leipziger Germanistin Dr. Maria-Verena Leistner an einer vierbändigen historisch-kritischen Werkausgabe, die in Kürze erscheinen soll.[13] Die erste und bislang einzige (!) Wilhelm-Müller-Werkausgabe erschien 1830 bei Brockhaus unter dem Titel *Vermischte Schriften*. Gustav Schwab besorgte die Herausgabe und schrieb eine begleitende Biogra-

12 Heine, Heinrich: (2) Historisch-kritische Gesamtausgabe der Werke, hrsg. v. Manfred Windfuhr, Düsseldorf 1979, Bd. 8, S. 237-238.

13 Noch zu Beginn des Jahres war es ungewiß, wo und wann genau diese Edition, die am Schicksal Müllers zu partizipieren scheint, erscheinen sollte. Der Aufbau-Verlag war aus finanziellen Gründen vom Vertrag zurückgetreten. Inzwischen hat sich der Berliner Gatza-Verlag bereit erklärt, die Ausgabe zu übernehmen.

phie[14]. Die fünf kleinen Bändchen enthalten Gedichte, Epigramme, die beiden Novellen *Der Dreizehnte* und *Debora*, die 'Biographie Lord Byrons', 'Erinnerungen aus Toscana' und verschiedene kritische Arbeiten Müllers. Die Auswahl ist alles andere als zufriedenstellend; Schwab traf sie nach eigenem Gutdünken und Geschmack. Außerdem fehlen kritische Anmerkungen. Dennoch ist die Ausgabe für jede Arbeit über Müller unerläßlich, eben weil sie die einzige ist, auf die man sich stützen kann.

Daneben erschienen zahlreiche Einzelausgaben, insbesondere der Lyrik. Die wichtigste und zugleich erste vollständige kritische Edition der Gedichte wurde erst 1906 in Berlin in der Reihe *Deutsche Literaturdenkmale des 18. und 19. Jahrhunderts* veröffentlicht.[15] Der Amerikaner James Taft Hatfield war ihr Herausgeber. Einen Nachdruck dieser Ausgabe gab es 1968 in Nendeln / Liechtenstein. Den Kriterien der heutigen Philologie kann sie sicher nicht standhalten, aber gemessen an dem, was sonst um jene Zeit veröffentlicht wurde, ist sie von herausragender Bedeutung: für die Müller-Forschung immer noch ein unverzichtbares Arbeitsmittel.

Außerdem entstanden zu unterschiedlichsten Zeitpunkten diverse Materialsammlungen, die wichtige Einzelquellen darstellen. In den Jahren zwischen 1898 und 1908 bemühten sich die amerikanischen Philologen James Taft Hatfield und Philip Schuyler Allen um die Herausgabe verstreuter, unveröffentlichter Texte Müllers. 1898 entdeckte Hatfield früheste Gedichte und gab sie als gesondertes Bändchen unter dem Titel *The earliest Poems of Wilhelm Müller*[16] heraus. Diese Gedichte, insgesamt 20 Titel, sind in der späteren Edition von 1906 nicht enthalten. Auch fehlen darin die 1902 von Allen in

14 Schwabs Biographie enthält allerdings einige Fehlinformationen, die nicht nur in die Biographie von Müllers Sohn Friedrich Max Müller von 1885 eingegangen sind, sondern z.T. sogar noch heute kursieren. Dazu gehört beispielsweise die Tatsache, daß Müller sechs und nicht fünf Geschwister hatte und daß die Mutter in Wilhelms 14. und nicht in seinem elften Lebensjahr starb.

15 Müller, Wilhelm: (4) Gedichte. Vollständige kritische Ausgabe, hrsg. v. James Taft Hatfield, Berlin 1906; Neudruck Nendeln / Liechtenstein 1968.

16 Hatfield, James Taft: Earliest Poems of Wilhelm Müller, in: Publication of the Modern Language Association of America 13, 1898, S. 250-285.

The Journal of English and Germanic Philology herausgegebenen 'Unpublished Sonetts of Wilhelm Müller'[17]. Die neun Sonette sind weniger formal als inhaltlich aufschlußreich, weil hier viele Motive anklingen, die später in der *Winterreise* ausgearbeitet werden. Biographisch sind sie auf Müllers offensichtlich unglückliche Liebe in Brüssel bezogen. 1903 erschien die Ausgabe *Diary and Letters of Wilhelm Müller.* Das Tagebuch datiert vom 7.10.1815 bis zum 15.12.1816, umfaßt 90 Seiten und beleuchtet die Zeit des zweiten Berlinaufenthalts Müllers im Kreis um Luise Hensel. Die Briefe betreffen den Zeitraum zwischen 1816 und 1826. 15 weitere Briefe Müllers[18] aus derselben Zeit veröffentlichte Hatfield ebenfalls im Jahr 1903 im *American Journal of Philology.* 1906 kamen außerdem im *Modern Language Review* von Hatfield veröffentlichte 'Newly-Discovered Political Poems of Wilhelm Müller'[19] heraus.

Die erste ausführliche Bibliographie zum Werk Müllers erschien 1905 in Karl Gödekes *Grundriß zur Geschichte der deutschen Dichtung*[20]. 1908 publizierte Alois J. Becker seine Dissertation *Die Kunstanschauung Wilhelm Müllers*, die in erster Linie "die vielfach zerstreuten Aufsätze Müllers" unter genauer Angabe der Quellen annähernd vollständig zusammenfügt, um so ein möglichst geschlossenes "Bild seiner Kunstanschauung zu gewinnen".[21] Diese Materialsammlung ist ein sehr wertvolles und arbeitserleichterndes Hilfsmittel, wenn sie auch aus heutiger Sicht philologische Mängel aufweist. 1914 wurde im *Zerbster Jahrbuch* Hermann Wäschkes Aufsatz 'Aus Wilhelm Müllers Jugendzeit' abgedruckt, der auf die Ungenauigkeiten in Müllers Biographie bei Schwab und Friedrich Max Müller hinweist. Wäschke geht dabei so weit, von

---

17 Allen, Philip Schuyler: Unpublished Sonetts of Wilhelm Müller, in: Journal of English and Germanic Philology 4, 1902, S. 1-9.

18 Hatfield, James Taft: Unpublishes Letters of Wilhelm Müller, in: American Journal of Philology 24, 1903, S. 121-148.

19 Hatfield, James Taft: Newly-Discovered Political Poems of Wilhelm Müller, in: Modern Language Review 1, 1906, S. 212-221.

20 Goedeke, Karl: Wilhelm Müller, in: Grundriß zur Geschichte der deutschen Dichtung, Bd. 8, Dresden 1905, S. 255-279.

21 Becker, S. IX.

einer "Verschleierung der Familienverhältnisse" zu sprechen.[22] 1927 publizierte Heinrich Lohre anläßlich des 100. Todestages von Wilhelm Müller seine sehr rühmenswerte Arbeit über *Wilhelm Müller als Kritiker und Erzähler*. Neben einem detaillierten 'Lebensbild' mit ausführlichen Kommentaren zum Werk enthält der Band vor allem Müllers Briefe an F.A. Brockhaus: "keine Darstellung vermag so, wie eine auch nur flüchtige Lektüre der Briefe, den Eindruck der literarischen Betriebsamkeit Müllers zu geben".[23] Außerdem enthält das Buch zahlreiche weitere Briefe Müllers an Per Daniel Amadeus Atterbom und verschiedene Mitarbeiter und Freunde, neben den Briefen seiner Frau Adelheid Müller an Brockhaus und Schwabs Brief an dieselbe nach Müllers Tod. In einem Anhang befinden sich weitere Dokumente zu Müllers Leben. 1931 schließlich edierte Paul Wahl eine Materialsammlung zu Müllers letzter Lebenszeit unter dem Titel *Wilhelm Müllers Rheinreise von 1827 sowie Gedichte und Briefe*. Der Band enthält vor allem Müllers Reisetagebuch von 1827, verstreute, teilweise unveröffentlichte, Briefe, Briefe an Adelheid nach Müllers Tod und – was hervorzuheben ist – ein Verzeichnis sämtlicher Beiträge Müllers in der Enzyklopädie bei Ersch und Gruber.

Eine der größten Fleißarbeiten der Müller-Forschung[24] stellt die auf einer Dissertation[25] fußende Abhandlung von Cecilia C. Baumann dar, die 1981 erschien: *Wilhelm Müller. The Poet of the Schubert Song-Cycles. His Life and Works*. Sie liefert ein umfassendes Portrait von Müllers Leben und Werk, das Baumann aus sämtlichen bis dahin erschienenen Einzelveröffentlichungen zusammensetzt, und beleuchtet in anschaulicher Weise die vielseitigen Tätigkeiten, die Müller ausübte: als "poet, prose-writer, translator, critic,

---

22 Wäschke, S. 58.

23 Lohre, S. 1.

24 Gerechterweise sei hier erwähnt, daß Bruno Hake 1908 schon ähnliches unternommen hat. Doch ist von dieser Arbeit nur ein kleiner Teil veröffentlicht; der Rest ist leider verlorengegangen. (Hake, Bruno: Wilhelm Müller: Sein Leben und sein Dichten, Kap. IV: Die schöne Müllerin, Berlin 1908).

25 Baumann, Cecilia C.: (1) The Life and Works of Wilhelm Müller, Diss. Northwestern University 1970.

editor, philhellene, traveler, and man"[26]. Es gibt kaum einen Sachverhalt, der hier nicht erwähnt wird. Entsprechend verhält es sich auch mit der überaus sorgfältigen Bibliographie, die an Ausführlichkeit nichts zu wünschen übrig läßt. Eine Übersetzung von Baumanns Arbeit ins Deutsche oder eine entsprechend ausführliche deutschsprachige Biographie fehlt bislang leider noch.[27]

An dieser Stelle verdient die überaus sachkundige Werkmonographie von Gernot Gad[28] besonders hervorgehoben zu werden. Zu Recht stellt Gad eine Werkmonographie als

> vorrangige(s) Desiderat einer Müller-Forschung (heraus), da erst so Spezialfragen und einzelne Werkgruppen in einem angemessenen Verhältnis zum Œuvre dargestellt werden können. Die bisherige Forschung muß sich den Vorwurf gefallen lassen, Teile des Werks aufgrund nicht hinreichend reflektierter Vorurteile abqualifiziert und ausgeblendet zu haben.[29]

Methodisch wirkt Gad diesem Mangel entgegen, indem er "das Werk sowohl in seiner historischen Bedingtheit als auch in seiner Gesamtheit zu fassen"[30] sucht. Seine Ergebnisse überzeugen, nicht nur die literaturhistorische Einordnung Müllers betreffend. Auch Gads vielfache Einzelinterpretationen innerhalb der jeweiligen Werkgruppen geben produktive Anregungen zum Weiterdenken. Für jede weitere Beschäftigung mit dem Werk Müllers ist diese Monographie unverzichtbar.

---

26 Baumann (2), S. XI.

27 Laut Auskunft von Ute Wollny-Bredemeyer will ein nicht näher bekannter Herr Leptihn eine Müller-Biographie veröffentlichen.

28 Gad, Gernot: Wilhelm Müller. Selbstbehauptung und Selbstverleugnung, Diss. Berlin 1989.

29 Gad, S. 15.

30 Gad, S. 20.

3. Forschungsliteratur

Die Forschungsliteratur zu Wilhelm Müller ist insgesamt von geringem Umfang. Dies gilt auch für die Einzel- und Werkausgaben der jüngeren Zeit, von der hier nur zwei genannt seien: Das eine sind die Italienbeschreibungen Müllers mit dem Titel *Rom, Römer und Römerinnen*, die Wulf Kirsten in der ehemaligen DDR herausgegeben hat. Der gekürzte Text folgt der Erstausgabe von 1820 und ist mit einem sehr informativen Nachwort versehen. Kirsten orientiert sich dabei an Müllers Biographie, wobei er – dem Thema gemäß – zwei Aspekte besonders gut hervorhebt: erstens Wilhelm Müllers Italienreise und -aufenthalt, begleitet von einem kleinen Exkurs über die damalige Situation in der Künstlerkolonie in Rom; zweitens beschreibt er das Spannungsverhältnis, in dem sich Müller nach seiner Rückkehr aus Italien angesichts der politischen Situation in Deutschland befand.[31] Die zweite hier zu erwähnende Ausgabe ist eine Auswahl der Gedichte unter dem Titel *Wilhelm Müller. Die Winterreise und andere Gedichte*, herausgegeben von Hans-Rüdiger Schwab. Diese Ausgabe besitzt keinen eigenen kritischen Apparat, folgt aber der Edition Hatfield von 1906. In einem kleinen Nachwort weist Schwab unter anderem auf die Aktualität der Müllerschen Bildlichkeit – insbesondere im Kontext der *Winterreise* – auch für die Gegenwartsliteratur hin.

Die recht unbefriedigende Forschungslage zu Wilhelm Müller läßt sich in aller Kürze wie folgt zusammenfassen[32]: Neben verstreuten Arbeiten über

31 Um diese Zeit entstehen die ersten Gedichte der 'Winterreise'.

32 Die verstreuten Bermerkungen zu Müller in literaturgeschichtlichen Überblicksdarstellungen sind hier nicht berücksichtigt. Unter diesen überwiegen die abwertenden Beurteilungen des Müllerschen Werks. Stellvertretend mag hier das Urteil Phillip Witkops stehen: Müller sei "der erste jener unseligen Epigonen des Volksliedes, die dessen menschlich-schlichten, ewigen Gehalt von Liebesleid und -lust, von Natur und Wandern oberflächlich anempfinden, verweichlichen und verwässern, der erste, der im Ton des Volksliedes mit erlogenen Liebesschmerzen und -freuden hausieren geht (...) Die genialen Kompositionen Schuberts haben diese leeren Reimereien mit innerer Wahrheit und Notwendigkeit erfüllt. Sie lassen uns vergessen, wie leicht und billig diese lyrische Dutzendware ist." (Witkop, S. 156 f.) Nach Wolfgang Popp liegen die Gründe für diese Bewertung in der unterschiedlichen Qualität

verschiedene Themen seines Werks (wie seine Kunstauffassung, seine Bedeutung im griechischen Freiheitskampf, seine Übersetzertätigkeit) und solchen, die sich mit der Biographie befassen, gilt das Forschungsinteresse vor allem der Lyrik. Diese wurde hauptsächlich in den folgenden Zusammenhängen behandelt: 1) in ihrer Beziehung zum deutschen Volkslied, 2) im Vergleich mit den Gedichten Heines (bes. dessen 'Lyrisches Intermezzo'), 3) im Rahmen musikwissenschaftlicher Untersuchungen über die Schubertschen Liederzyklen. Ausdrückliche Monographien zu dem einen oder anderen Zyklus der Müllerschen Lyrik gibt es, mit Ausnahme der Untersuchung von Ludwig Stoffels[33] nicht.[34] Neben wenigen Analysen von einzelnen Gedichten finden sich Untersuchungen zu einem Gesamtzyklus nur in Verbindung mit anderen Zyklen oder unter einer übergeordneten Thematik.

Von der gesamten Forschungsliteratur will ich im Folgenden nur diejenigen Titel aufführen, die in unmittelbarer Beziehung zur *Winterreise* stehen:

1950 weist Günther Baum in einem zweiseitigen Statement[35] auf die auch für die Literaturwissenschaft wichtige Entstehungsgeschichte der musikalischen *Winterreise* hin, die die unterschiedliche Gedichtfolge bei Schubert bedingt. In diesem Zusammenhang bemerkt er auch, daß

> Müllers Reihenfolge dem Ganzen erst den Charakter eines echten Zyklus mit einer ungebrochen durchlaufenden Entwicklung verleiht,

---

der Müllerschen Gedichte. (Vgl. Popp, Wolfgang: Die Dichtung Wilhelm Müllers. Ein Beitrag zum Problem sekundärer dichterischer Erscheinungen in der Literaturgeschichte, Diss. Konstanz 1967, S. 13).

33 Stoffels, Ludwig: Die Winterreise. Müllers Dichtung in Schuberts Vertonung, Bd. 1, Bonn 1987.

34 Die Dissertation von Madeleine Haefeli-Rasi (Wilhelm Müller: 'Die schöne Müllerin'. Eine Interpretation als Beitrag zum Thema 'Stilwandel' im Übergang von der Spätromantik zum Realismus, Diss. Zürich 1970) wurde hier nicht berücksichtigt. Sie ist m. E. unbrauchbar, da Haefeli-Rasi sehr undifferenziert interpretiert. Die Arbeit wimmelt von Allgemeinplätzen. Außerdem wirkt der pathetische Stil äußerst störend, ebenso wie der Umstand, daß sie lyrisches Ich (in der Rolle des Müllerburschen) und biographisches Ich (den "Dichter") beständig aufeinander bezieht. Auch die Autorin selbst läßt sich mitunter nicht aus dem Spiel.

35 Baum, Günther: (1) Das Problem der 'Winterreise', in: Neue Zeitschrift für Musik 111, 1950, S. 643 f.

> womit verglichen Schuberts Numerierung eine mehr oder minder wahllose Aneinanderreihung von 24 traurigen Liedern über das Grundthema einer enttäuschten Liebe ergibt.[36]

Denn nur in Müllers Reihenfolge erkenne man, so folgert Baum weiter,

> daß das unglückliche Liebeserlebnis nicht das Hauptthema bildet, sondern nur den Anstoß gibt zu der nun vor unseren Augen gnadenlos und unaufhaltsam abrollenden Tragödie sich ankündigender und schließlich voll hereinbrechender Umnachtung.[37]

Baum sagt damit zweierlei: Zum einen betont er den formalen Aspekt der *Winterreise*, der die Sukzessivität des Geschehens unterstreiche. Zum anderen legt er großes Gewicht auf die Psychologie des Zyklus. Er diagnostiziert, daß "die stetig zunehmende Vereinsamung eines Menschen und das allmähliche Erkalten seines Gefühlslebens (...) die heutige Psychologie als hervorragendes Symptom drohender Schizophrenie" kennt.[38] Baum übersieht dabei allerdings, daß es sich hierbei nicht um einen Krankheitsbericht, sondern um Dichtung handelt, und daß eine Diskrepanz besteht zwischen dem tragischen Thema und seiner überaus durchdachten und durchkomponierten formalen Umsetzung.

1958 unternimmt Hans Brandenburg mit dem Blick auf die *Winterreise* den Versuch einer "Ehrenrettung" des neben Schubert zu wenig gewürdigten Lyrikers Wilhelm Müller.[39] Dieses Unternehmen scheitert m.E. jedoch daran, daß Brandenburg, mit Formulierungen wie der folgenden, Müller nicht aus dem Schatten Schuberts zu lösen vermag:

> Und wenn die 'Winterreise' auch erst durch Schubert zum ewigen Immortellenkranz der Liedkunst geworden ist, so steht sie doch rein als Dichtung in ihrem Ernst und ihrer tiefen Gefühlsherbheit ebensohoch über der Freud- und Leidseligkeit der 'Schönen Müllerin' wie die

---

36 Baum (1), S. 643.

37 Baum (1), S. 643.

38 Baum (1), S. 643. In seinem späteren Aufsatz von 1967 modifiziert Baum seine These nur geringfügig. (Vgl. Baum, Günther: (2) Schubert-Müllers 'Winterreise' – neu gesehen, in: Neue Zeitschrift für Musik 128, 1967, S. 78-80).

39 Brandenburg, Hans: 'Die Winterreise' als Dichtung: Eine Ehrenrettung für Wilhelm Müller, in: Aurora 18, 1958, S. 57-62.

> letzte Leistung des Komponisten über seiner früheren nach den Worten des gleichen Dichters, obwohl auch diese bereits den Dichter unter sich ließ.[40]

Brandenburg verzichtet außerdem darauf, sich bei seiner Besprechung an die Müllersche Gedichtfolge zu halten. Mehr als gelegentlich richtige Assoziationen hat dieser viel zu pathetische Text nicht zu bieten.

Erst in den 60er Jahren beginnt eine ernsthafte und eigenständige literaturwissenschaftliche Beschäftigung mit der *Winterreise*. Im Folgejahrzehnt entstehen die bis heute wichtigsten Arbeiten. 1963 erscheint Alan P. Cottrells Dissertation über *Wilhelm Müllers Lyrische Liederzyklen*[41], deren englische Version 1970 in überarbeiteter und komprimierter Form als Buch veröffentlicht wird.[42] Ich werde mich in meinen Ausführungen auf diesen späteren Text beziehen. Cottrells Intention ist es, das zu Unrecht vergessene Werk Müllers anhand einer detaillierten Untersuchung seiner erfolgreichsten Zyklen[43] neu zu bestimmen. Ziel der Untersuchung ist die Charakterisierung der poetischen Imagination Müllers. Auf dieses Thema, das im Schlußkapitel untersucht wird, sind alle vorangehenden Analysen bezogen. Cottrell orientiert sich dabei am Text selbst: "A careful reading discloses the fact that beneath the cloak of conventionality there is to be found in Müller a lyric poet of depth and sensitivity."[44] Dieses "sorgfältige Lesen" konzentriert sich auf die Bildlichkeit der Sprache und auf die Art ihrer Präsentation im Gedicht. Das Kriterium der lebendigen und spontanen Handhabung konventioneller Themen und Bilder ist für Cottrell ausschlaggebend für die Qualität des einzelnen Gedichts. Genaues Lesen impliziert bei Cottrell genaue Analyse. Dabei ist er vor allem sehr aufmerksam für das einem Gedicht zugrunde liegende

40 Brandenburg, S. 58.

41 Cottrell, Alan P.: (1) Wilhelm Müllers lyrische Liederzyklen, Diss. Ohio State University 1963.

42 Cottrell, Alan P.: (2) Wilhelm Müller Lyrical Song-Cycles: Interpretations and Texts, Chapel Hill 1970.

43 Dazu rechnet Cottrell neben der 'Schönen Müllerin' und der 'Winterreise' den Zyklus 'Frühlingskranz aus dem Plauenschen Grunde bei Dresden'.

44 Cottrell (2), S. 2.

psychische Geschehen. Die Reihenfolge der Einzelbesprechungen richtet sich nach der Reihenfolge, in der die Gedichte im Zyklus erscheinen. Ebenso verfährt er bei der *Winterreise*[45], wobei er bezüglich der Gesamtstruktur dieses Zyklus zwei Dinge konstatiert: Das eine ist das grundlegende Thema der Wanderschaft als "Weg durch's Leben": "It presents a succession of experiences and inner struggles which stand symbolically for a path through life."[46]Das andere ist die Figur des Kreises als formales Prinzip:

> Instead of a dramatic curve the 'Winterreise' presents a number of basic themes, such as isolation, consuming passion, deception, dream, death-wish. These themes are repeated and varied in the manner of a musical composition of psychological states encompassing the whole scale of emotion from flaming passion to hopelessness. The cycle must thus be viewed with this basic structural principle in mind. The image of the circular motion, which occurs variously in this work, points to the same formal principle.[47]

Jedoch läßt es Cottrell mit der bloßen Feststellung dieser Sachverhalte bewenden. Unter dem Diktat seines methodischen Ansatzes – der qualitativen Hervorhebung einzelner Gedichte – gelangt er zu einer unterschiedlichen Bewertung der Gedichte unter Vernachlässigung des zyklischen Ganzen. Er versäumt es, das Einzelgedicht ausreichend in den Gesamtzusammenhang zurückzubinden, indem er – anders als Baum – davon ausgeht, daß seine Stellung im Zyklus bis zu einem gewissen Grad variabel ist.[48] Er verstellt sich dadurch den Blick für sukzessive Abläufe, die gerade erst durch die Müllersche Gedichtfolge ganz zum Ausdruck gebracht werden. Cottrells Fixierung auf die Struktur des Kreises, auf des Thema der Variation des Gleichen, läßt ihn überall nach Entsprechungen suchen. So weist er im Verlauf seiner Interpretationen zwar auf die Wiederkehr und Veränderung

---

45 Cottrell (2), S. 35-68.

46 Cottrell (2), S. 65.

47 Cottrell (2), S. 35.

48 Den Artikel Baums hat Cottrell ganz offensichtlich nicht gekannt, denn über die Entstehungsgeschichte des Schubertschen Zyklus ist er nicht informiert. (Vgl. Cottrell (2), Anm. II / 1, S. 161). Er konstatiert, daß die unterschiedliche Gedichtfolge bei Schubert die Einheit des Zyklus nicht ersthaft gefährde. (Cottrell (2), S. 35).

bestimmter Motive hin, zieht aber keine Schlußfolgerungen daraus. Darüber hinaus zeigt er übergreifende Parallelen auch zu anderen Zyklen auf, unter Verkennung der Tatsache, daß Motive – auch im Werk eines Autors – keine konstante Bedeutung haben, sondern sich erst aus dem Kontext, in dem sie stehen, erschließen lassen. Trotz dieser Mängel liefert Cottrells Methode der immanenten Interpretation insgesamt gesehen die aufschlußreichsten und fruchtbarsten Ergebnisse zu den Gedichten.

1966 veröffentlicht Klaus G. Just seinen Aufsatz 'Wilhelm Müllers Liederzyklen 'Die Schöne Müllerin' und 'Die Winterreise''[49]. Justs Untersuchung zielt auf die Frage nach der Stellung der beiden Zyklen innerhalb der Romantik und auf die Darstellung von deren "besonderer Qualität", wobei er zu aufschlußreichen Beobachtungen kommt. *Die Winterreise* wird auf insgesamt nur sechs Seiten behandelt. Bei dieser relativen Kürze des Umfangs versteht es sich von selbst, daß der Aufsatz über einige allgemeine Aussagen nicht hinauskommen kann: Just begreift das Wandern-Müssen in der *Winterreise* in religiös-existentiellem Sinne als "Stationen einer Endphase", als "Weg an der Grenze der Vernichtung hin, als Weg in die Vernichtung hinein", als "Passion"[50], als "letzten Gang"[51], als "Menschenlos schlechthin"[52]. "Das Wandern", so Just,"ist nicht mehr von Wünschen gelenkt, sondern hat diese im Wesenlosen hinter sich gelassen. Es ist ziellos und zugleich richtungslos. Dadurch schwindet im Verlauf des Wanderns der Weg, d.h. er schrumpft zu einzelnen Punkten, eben "Stationen", zusammen. Von jedem dieser einzelnen Punkte aus ist es gleich weit zum Tode und zum Nichts."[53] Vergleichbare Beobachtungen stellt Just zur formalen Struktur an. "Es ist eine Linie, die ins Unendliche ausläuft. Diese formale Struktur entspricht dem Immer-schatten-

---

49 Just, Klaus Günther: Wilhelm Müllers Liederzyklen 'Die schöne Müllerin' und 'Die Winterreise', in: Zeitschrift für deutsche Philologie 83, 1964, S. 452-471. Wie aus dem Aufsatz hervorgeht, hat Just Cottrells Arbeit nicht gekannt.

50 Alle Zitate: Just, S. 466.

51 Just, S. 467.

52 Just, S. 468.

53 Just, S. 468.

hafter-Werden der zentralen Figur. Das Ich löst sich im Weg, den es beschreibt, auf."[54] Solche (obendrein von einem Heideggerschen Tonfall eingefärbten) Formulierungen verschleiern m.E. das Verständnis der *Winterreise* eher, als daß sie es erhellen. Insgesamt läßt sich der Text nur als ein äußerst unzureichender Forschungsbeitrag begreifen.

Eine umfassendere und mehr ins Detail gehende Müllerstudie stellt die 1967 erschienene Dissertation Wolfgang Popps dar.[55] In dieser Arbeit geht es um die literaturgeschichtliche Einordnung Müllers als "sekundärer dichterischer Erscheinung"[56]. Drei Kapitel laufen in einer Gesamtbewertung Müllers unter diesem Gesichtspunkt zusammen. Die einzelnen Aspekte der Untersuchung sind die Biographie Müllers, die "gesellschaftsgebundene Dichtung" und die Liederzyklen *Die Schöne Müllerin* und *Die Winterreise*. Der Abschnitt zur *Winterreise* umfaßt insgesamt 30 Seiten. Die Arbeit, einem literaturwissenschaftlichen Trend der 60er Jahre: dem der literarischen Wertung verpflichtet, hat von vorneherein die verengte Perspektive, die das Thema ihr vorgibt.[57] Sie mag im Falle Müllers ihre Rechtfertigung haben und eine Hilfe sein, den Facettenreichtum in Müllers Dichtung und ihre stark differierende wirkungsgeschichtliche Aufnahme auf einen Nenner zu bringen. Jedoch ist gerade dieses methodische Vorgehen der eigentliche Mangel der Untersuchung. Denn da, wo der Autor zu guten, bisweilen sehr guten Einzelbeobachtungen gelangt, steht er sogleich wieder unter dem Zwang, diese zu nivellieren, damit sie in den thematischen Zusammenhang passen. Folgende Ausführungen mögen zur Illustrierung dienen. Das Augangsproblem von Popps Untersuchung ist die Feststellung, daß die Thematik der *Winterreise* mit dem realen biographischen

54 Just, S. 470.

55 Ebenso wie Just fehlt Popp die Kenntnis der Arbeit Cottrells.

56 Vgl. den Titel der Arbeit Popps.

57 'Literarische Wertung' ist ein vieldiskutiertes Thema, auf das ich mich an dieser Stelle nicht einlassen möchte. Ich verweise auf das gleichnamige Buch, hrsg. v. Norbert Mecklenburg, in dem die Probleme des Themas ausführlich behandelt werden. (Mecklenburg, Norbert (Hrsg.): Literarische Wertung. Texte zur Entwicklung der Wertungsdiskussion in der Literaturgeschichte (Deutsche Texte 43), Tübingen 1977).

Erlebnishintergrund Wilhelm Müllers zu dieser Zeit stark kontrastiere.[58] Popp folgert daraus, daß sich in der *Winterreise* ein "unindividuelle(r), nicht von einer realen Erfahrung getragene(r) Typus des Erlebens" äußere, der von dem in der Goetheschen Gelegenheitsdichtung abweiche.[59] Die Lyrik Goethes, als dessen Epigone Müller eingestuft wird, ist denn auch Popps ständiger Vergleichspunkt, der Maßstab für seine Bewertung der Müllerschen Lyrik: "'Allgemeines, Inneres, Höheres' (der Goetheschen Gelegenheitsdichtung) ist", so Popp,

> für ihn (Müller) nicht etwas im individuellen Erleben und im Anschauen der Natur Erfahrbares und lyrisch Zu-Sagendes, sondern es ist Prämisse; sein Problem liegt darin, möglichst genaue Naturbilder zu finden, mit denen er sein 'Allgemeines', d.h. einen Typus des Erlebens anschaulich abbilden kann.[60]

Popp kommt damit immer wieder in den gleichen Grundkonflikt: diese "möglichst genaue(n) Naturbilder" und damit einen wesentlichen Bereich der Eigenständigkeit Müllers an Goethe zurückzubinden und auf diese Weise abzuwerten. Dieser circulus vitiosus, in den Popps Untersuchung gerät, mag ein abschließendes Zitat illustrieren:

> Und hier zeigt sich unübersehbar die Besonderheit der lyrischen Sprache der 'Winterreise', aber auch die Gefahr, der sie ausgesetzt ist. Die Besonderheit liegt in der Intensität, mit der reale Naturerscheinungen in vielen präzisen und scharf charakterisierenden Details zu knapper sprachlicher Formulierung drängen. Die Gefahr liegt darin, daß die planmäßige Reduzierung dieser Bilder auf pauschale und unindividuelle Seelenerlebnisse die gesamte Aussage des Einzelgedichts unglaubhaft macht; denn die entworfenen Naturbilder gewinnen im Rahmen des zyklischen Ganzen eine eigene Ausstrahlungskraft und ihre Reduzierung auf die bloße Funktion des Abbildens innerer Vorgänge erscheint als eine Vergewaltigung.[61]

58 Popp, S. 96.

59 Popp, S. 99.

60 Popp, S. 105.

61 Popp, S. 109.

Rolf Vollmann, der 1975 einen zwölfseitigen Essay über 'Wilhelm Müller und die deutsche Romantik' im Anhang der musikwissenschaftlichen Studie des Schubert-Forschers Anrold Feil[62] schreibt, sei an dieser Stelle ebenfalls erwähnt, weil er aufschlußreiche Beobachtungen zur Charakterisierung der Gedichte in der *Winterreise* anstellt.[63] Vollmann knüpft, wie Popp, bei der merkwürdig anmutenden Diskrepanz zwischen der Biographie Müllers und dem Ton der *Winterreise* an: "Die 'Winterreise' läßt einen ratlos."[64] Diesem ersten Leseeindruck spürt Vollmann feinfühlig nach, indem er die, im Vergleich zu allen übrigen Gedichten Müllers, so ganz andere Bildlichkeit der *Winterreise* untersucht. Er empfindet sie "geradezu als unpoetisch"[65], als "vollkommen naiv, fast kindisch, als sähe jemand etwas ganz neu und spräche es dann wie eine Banalität aus".[66] Er stellt fest, daß sie ein Auge erfordere, "dem noch jede Gewohnheit fremd ist oder das sich jeder Gewohnheit entfremdet hat."[67] Es liege ihr eine Kindlichkeit zugrunde, "aber eine irgendwie ganz unnatürliche Kindlichkeit".[68] Und weiter: "Das Entsetzen, das diese Kindlichkeit hervorrufen kann, liegt nun ganz sicher mit darin, daß der ruhige Fluß der Verse davon fast gänzlich unberührt bleibt. Da wird ein ganz irritierendes Einverstandensein mit allem deutlich."[69]

Um Müllers 150. Todestag herum entstehen verstreute Beiträge, von denen diejenigen Günter Hartungs besonders hervorhebenswert sind. Sie gehören zu den größten Bereicherungen der Müller-Forschung in den letzten beiden Jahrzehnten. In einer philologisch überaus präzisen Manier ist er um eine wertneutrale literarhistorische Einordnung Müllers bemüht. In seinem Aufsatz

62 Feil, Arnold: Franz Schubert. 'Die schöne Müllerin' - 'Winterreise'. Mit einem Essay 'Wilhelm Müller und die Romantik' von Rolf Vollmann, Stuttgart 1975.

63 Der Abschnitt zur 'Winterreise' umfaßt nur drei Seiten.

64 Vollmann, S. 182.

65 Vollmann, S. 182.

66 Vollmann, S. 183.

67 Vollmann, S. 183.

68 Vollmann, S. 183.

69 Vollmann, S. 183.

'Ich kann zu meiner Reisen ...'[70] kommt er, nach einer ausführlichen Beschreibung der literarischen Umwelt Müllers und der Charakterisierung seiner Gedichte im Vergleich mit dem deutschen Volkslied, auch auf die *Winterreise* zu sprechen. Das "Besondere und Außerordentliche der 'Winterreise'", so Hartung, "bestand darin, daß hier die übernommene Volksliedform dazu diente, Bewußtseinsinhalte der bürgerlich-kritischen Intelligenz Europas zu objektivieren."[71]

> Zur Darstellung eines entsprechenden Sozialcharakters in deutscher Umwelt hat Müller offenbar die bei Uhland (und Eichendorff) vorgefundenen Motive aufgenommen, sie durchweg verschärft, ihnen lokale und soziale Bestimmtheit gegeben und daraus eine innere Handlung geformt. (...) Das Landschaftsbild hält literatur-geschichtlich die Mitte zwischen romantischer Typisierung und jener Auspinselung des Details, die man in der Zeit des poetischen Realismus bevorzugen wird.[72]

Das Weltverhältnis, das in der *Winterreise* zum Ausdruck gebracht wird, bezeichnet Hartung als "heroische(n) Nihilismus" und "religiösen Atheismus" – Haltungen, die "man damals mit den Namen 'Weltschmerz' und 'Zerrissenheit' belegte."[73] Hartung geht in seinem Aufsatz nicht auf die Interpretation einzelner Gedichte ein, sondern gibt – mit dem Blick auf die sozialgeschichtliche Perpektive – nur einen groben Rundumblick zum Handlungsablauf in der *Winterreise.* An Einzelbesprechungen liegt ansonsten leider nur eine Gedichtinterpretation von Hartung vor: ''Am Brunnen vor dem Tore'...

---

70 Hartung, Günter: (1) Ich kann zu meiner Reisen nicht wählen mit der Zeit ... Zum 150. Todestag Wilhelm Müllers, in: Dessauer Kalender 1977, S. 66-72. Der Text dieses Aufsatzes ist in seinen Hauptpassagen identisch mit dem ausführlicheren Aufsatz Hartungs: (2) Wilhelm Müller und das deutsche Volkslied, in: Weimarer Beiträge. Zeitschrift für Literarurwissenschaft, Ästhetik und Kulturtheorie 23, 1977, S. 46-85. Ich stütze mich auf den kürzeren Text, weil er in seiner komprimierten und z.T. treffenderen Form für meine Zwecke an dieser Stelle geeigneter ist.

71 Hartung (1), S. 70.

72 Hartung (1), S. 70.

73 Hartung (1), S. 72.

Über ein Lied von Wilhelm Müller und Franz Schubert'[74]. Das Gedicht 'Der Lindenbaum' dient ihm in diesem sehr unprätentiösen und nebenbei auch schönen Vortrag als repräsentatives Beispiel, "einen Einblick in die Lyrik der spätromantischen Zeit zu geben".[75] Auch hier geht es Hartung in einer ähnlichen wie der bereits oben dargestellten Weise primär darum, den "wirkliche(n), historischen Charakter" des Liedes aufzuzeigen. Am Schluß des Vortrages kommt er auf Schuberts Komposition zu sprechen und weist auf die Differenzen hin, die sich in Bezug auf "Geist und Formgestalt der Vorlage"[76] ergeben. Hartung stellt dabei sehr aufschlußreiche Beobachtungen an. Auf eine detaillierte formale Analyse des Müllerschen Textes wird allerdings weitgehend verzichtet.

Die nächste hier zu berücksichtigende Arbeit ist die von Manfred Frank. Im Rahmen seiner Motivuntersuchung *Die unendliche Fahrt*[77] – die sich auf den Zeitraum von der kopernikanischen Wende bis zum 20. Jahrhundert erstreckt – kommt Frank auch auf die *Winterreise* zu sprechen. "Das ist ein Titel", so Frank, "der in einzigartiger Weise die Motive der ziellosen Wanderung und der Erstarrung im Eis vereint."[78] In kurzer und prägnanter Form steckt Frank den philosophisch-künstlerischen Horizont des Müllerschen Zyklus ab und verweist auf seine "politische Dimension".[79] So sieht er hier zum einen die "Fichtesche(n) Theoreme" "Gänzlich zur Utopie – im Wortsinne des Ausdrucks: zur Ortlosigkeit, zur Unzulänglichkeit – (...) verkommen".[80] Zum anderen bemerkt er die "fast nietzschesche Perspektive der allein noch ästhetischen Möglichkeit der Lebensrechtfertigung", wie sie

---

74 Hartung, Günter: (3) "Am Brunnen vor dem Tore ..." Über ein Lied von Wilhelm Müller und Franz Schubert, in: Interkurs 77. Internationaler Hochschulferienkurs für Germanistik der Martin-Luther-Universität Halle / Wittenberg. Reden und Vorträge, hrsg. v. Dietrich Löffler und Dieter Bähtz, Halle / Saale 1978, Bd. 9, S. 23-38.

75 Hartung (3), S. 23.

76 Hartung (3), S. 36.

77 Frank, Manfred: (2) Die unendliche Fahrt. Ein Motiv und sein Text, Frankfurt 1979.

78 Frank (2), S. 134.

79 Frank (2), S. 134.

80 Frank (2), S. 134.

im Gedicht 'Das Irrlicht' aufleuchtet.[81] Schließlich stellt er auch eine Verbindung zwischen der Müllerschen "Metaphorik der Herzenserstarrung"[82] und der "kristallinen Metaphorik des Symbolismus"[83] her, in der die Dichtung erstarren muß, "um das Gedächtnis der verlorenen Subjektivität in sich zu bewahren".[84] Auf formale Analysen verzichtet Frank – das ist auch nicht seine Intention – ebenso wie auf die Herstellung des zyklischen Gesamtzusammenhangs. Ihm geht es allein um das Aufzeigen von Einzelaspekten; die *Winterreise* als Dichtung aber bleibt unberücksichtigt.

Unter dem Titel *Musik und Dichtung* veröffentlicht Emil Staiger 1947 verstreute Aufsätze, Vorträge und Reden, die zu verschiedenen musikalischen Anlässen in den Jahren zuvor entstanden waren. Im zweiten Teil der vierten Auflage von 1980[85] wird im Kapitel 'Liedertexte'[86] auch die Schubert-Müllersche *Winterreise* gestreift. Staiger verspricht, "den Text genauer betrachten (zu) wollen, der Schubert zu einer solchen, seine letzten Kräfte verzehrenden Leistung angeregt hat"[87], löst dieses Versprechen jedoch nicht ein. Er betrachtet Müller in einer allzu verharmlosenden Weise:

> Wilhelm Müller entspricht schon als Mensch der vorgefaßten Meinung nicht. Er war, bis zu seiner frühen tödlichen Krankheit, zeitlebens vom Glück begünstigt, genoß sein sorgenfreies Leben und (...) war als Dichter genauso sorglos, wie er es als Mensch war, vertraute auf seinen guten Stern und strahlte die Liebenswürdigkeit des mit sich selber ohne alle Anmaßung Zufriedenen aus.[88]

Aus solcher Beurteilung spricht nicht nur die Unkenntnis der familiären und sozialgeschichtlichen Hintergründe; sie läßt auch auf einen Mangel an auf-

---

81 Frank (2), S. 137.

82 Frank (2), S. 137.

83 Frank (2), S. 138.

84 Frank (2), S. 138.

85 Staiger, Emil: Musik und Dichtung. Vierte, um einen 2. Teil erweiterte Auflage, Zürich / Freiburg 1947 und 1980.

86 Staiger, S. 187-199.

87 Staiger, S. 187.

88 Staiger, S. 188.

merksamer Lektüre schließen. Der genaue Blick auf den Text bleibt aus. Auf die Frage, warum der sorglose Müller dennoch das Thema der *Winterreise* wählen konnte, fällt Staiger die Antwort nicht schwer:

> Er spürte, was an der Tagesordnung war. (...) Er grüßt den Schmerz als Quelle zeitgemäßester Poesie und steigert ihn, wie es damals üblich war, rhethorisch zur Verzweiflung. Nichts könnte und Heutigen fremder sein.[89]

Dennoch lobt Staiger Müllers Wahl von "genauen und originellen Motiven"[90], die Schuberts "musikalische Phantasie"[91] vermutlich angeregt hätten, und räumt ein:

> Besser haben sich ein Komponist und ein Dichter nie wieder verstanden, obwohl die Musik das Wort des Dichters in Regionen erhebt, von denen sich dieser nichts träumen ließ. Wilhelm Müller ist ganz zugegen. Er wird nicht überspielt. Er kommt durchaus zu seinem Recht. Doch wie viel mehr als nur sein Recht widerfährt ihm![92]

Die "komplementäre Frage" aber, ob Schuberts Vertonungen – in denen Müller ja so "ganz zugegen" ist – "nicht vielleicht das literarische Eigenleben dieser Texte verhindert haben"[93], klammert Staiger völlig aus.

In den letzten zehn Jahren findet das Müllersche Werk und gerade die *Winterreise* verstärktes Interesse. Die Rezeption ist sehr unterschiedlich und vielseitig. Sie reicht vom streng literaturwissenschaftlichen Ansatz über essayistische Formen der Auseinandersetzung bis zur schöpferischen Umsetzung im Bereich der Kunst. Die meisten dieser Ansätze lassen der *Winterreise* die Aufmerksamkeit zukommen, die ihr angemessen ist.

In seinem 1984 erschienenen Essay *Der epochale Winter* setzt sich Hanspeter Padrutt[94] mit den "Diskussionen zur ökologischen Problematik (...)

---

89 Staiger, S. 188 f.

90 Staiger, S. 190.

91 Staiger, S. 192.

92 Staiger, S. 195.

93 Wetzel, Heinz: (2) Wilhelm Müller, 'Die schöne Müllerin' und 'Die Winterreise': Die Frage nach dem Zusammenhängen, in: Aurora 53, 1993, S. 142 f.

94 Padrutt, Hanspeter: Der epochale Winter. Zeitgemäße Betrachtungen, Zürich 1984.

in den fünfzehn Jahren vor der Mondlandung bis heute (1969-1984)"[95] auseinander. Als Motto des Buches dient ihm ein Zitat aus der *Winterreise*: "Ihr lacht wohl über den Träumer, / Der Blumen im Winter sah?" ('Frühlingstraum') Auch wird der Müller-Schubertschen *Winterreise* ein eigenes Kapitel gewidmet.[96] Der Bezug zur *Winterreise* wird aktualisiert. Ausgangspunkt dieser 'Zeitgemäßen Betrachtungen' ist ein jüngeres historisches Ereignis, das 1979 in Zürich stattfand, eine Parallelveranstaltung zum Thema 'Zerstörung der Umwelt': die Aufführung des Filmes 'Messidor' von Alain Tanner und eine Kabarettvorführung Franz Hohlers. Der Beginn des Filmes wird von demselben Lied untermalt, das Hohler zum Abschluß seines als 'Schubert-Abend' betitelten Einmannkabaretts singt: 'Gute Nacht'. Die Fragestellung, mit der Padrutt an den Liederzyklus herangeht, ist denn auch eine auf das konkrete Ereignis bezogene: "Warum hatten die beiden Künstler gerade dieses Lied gewählt und nicht ein anderes?"[97] Seine Antwort: "Tanners 'Messidor' und Hohlers 'Schubert-Abend' durchzieht dieselbe depressive, pessimistische Stimmung, und die 'Winterreise' gibt eben dieser Stimmung ergreifenden Ausdruck"[98]. Mit dieser gemeinsamen Grundstimmung der drei Werke setzt sich Padrutt im folgenden auseinander. Die Einbettung der *Winterreise* in die eigene historische Gegenwart erfolgt nicht unter literaturwissenschaftlichen Gesichtspunkten, zeigt aber eine höchst bedeutsame Möglichkeit des Umgangs mit dem Text auf. Ein assoziatives Lesen und Interpretieren läßt Bezüge zur Gegenwart erkennbar werden: Hören wir mit der *Winterreise* "wieder das Lied vom epochalen Winter, dann sehen wir nicht mehr nur einen jungen Liebeskranken, sondern sehen Legionen in die Fremde ziehen."[99]

---

95 Padrutt, S. 12.

96 'Das Lied vom epochalen Winter. 'Die Winterreise' von Franz Schubert und Wilhelm Müller in ungewohnter Weise ertönend', in: Padrutt, S. 213-286.

97 Padrutt, S. 215.

98 Padrutt, S. 215.

99 Padrutt, S. 242.

> Der 'epochale Auszug' geschah still und heimtückisch. Die Städte heißen immer noch Tübingen und Wien, Dessau und Zürich. Vielleicht lauten sogar die Namen der dort lebenden Menschen teilweise noch wie damals: Hölderlin und Schubert, Müller und Keller. Aber die Menschen sind fremd geworden.[100]

Die von Padrutt vorgenommene Aktualisierung der *Winterreise* ist kein Einzelfall. Müllers Zyklus gewinnt

> eine existentielle Tiefendimension durch die beklemmende Veranschaulichung der Sinnkrise am 'Ende ... aller Träume', nach dem Verlust der Utopie von einem glücklicheren Leben, worin die häufige Verwendung des Topos der Winterreise gerade in der Literatur des letzten Jahrzehnts begründet scheint.[101]

Auch der Zyklus selbst wird künstlerisch aufgegriffen und weiterverarbeitet: So vertonte der Komponist Reiner Bredemeyer '*Die Winterreise* für Bariton, Klavier und Horn' 1984 in der Müllerschen Reihenfolge und, in Reaktion darauf, arrangierte der Fotografiker Ingo Arnold unter dem gleichen Titel seine 'Metrischen Montagen'.[102]

1987 präludiert Ludwig Stoffels sein auf drei Bände angelegtes Opus zu Schuberts *Winterreise* mit einem gewichtigen ersten Band. Dieser enthält die bisher intensivste Studie auch zum Müllerschen Zyklus[103], "der nicht nur als Vorlage der Schubert-Vertonungen, sondern in einiger Hinsicht auch seinem literarischen Stellenwert nach Interesse verdient."[104] Zum einen intendiert Stoffels "eine allgemeine Charakterisierung des Gesamtzyklus"[105], zum

---

100 Padrutt, S. 243.

101 Schwab, Hans Rüdiger: "... die Zeit beherrscht die Kunst." Studien zum politischen und sozialen Bewußtsein in der Literatur der deutschen Spätromantik, Diss. München 1986, S. 172. Schwab behandelt hier (S. 85-115) die politische Dichtung Müllers. Seine Darstellung ist nicht nur gut geschrieben, sondern auch sehr überzeugend und gehaltvoll.

102 Vgl. hierzu: Gespräch mit Reiner Bredemeyer und Ingo Arnold, in: Sinn und Form 41, 1989, S. 386-396; Freitag Michael: Die 'Winterreise' – Ingo Arnolds Bilder zu einem alten Gedicht und einer neuen Vertonung, in: Referate der Dessauer Symposien, Heft 11, Dessau 1987, S. 26-30.

103 Vgl. das Kapitel 'Die Dichtung', in: Stoffels, S. 87-143.

104 Stoffels, S. 87.

105 Stoffels, S. 87.

anderen werden auch Einzelanalysen vorgenommen, wobei besonderes Gewicht auf motivische Zusammenhänge und generelle Kompositionsprinzipien Müllers gelegt wird. Aufbauend auf den Ergebnissen vorhergehender Interpreten, insbesondere jenen von Cottrell und Popp, gelingt es Stoffels, Feinstrukturen innerhalb des Zyklus aufzudecken. In einem ersten Durchlauf gliedert er den Gesamtzyklus unter genauer Berücksichtigung der Entstehungsgeschichte in drei Untergruppen, innerhalb derer er das Zusammenspiel motivischer Stränge, die als Bausteine des Zyklus dienen, genau beschreibt. Er entdeckt dabei insbesondere die Schlüsselstellung des 'Leiermann'-Gedichts, dem er besondere Aufmerksamkeit zukommen läßt. Er erkennt auf

> einer höheren Abstraktionsebene (...) ein Netz von Polaritäten, die den Zyklus in tiefgreifender Weise strukturieren. Sie lassen sich auf zwei Grundantagonismen zurückführen, auf die thematische Spannung von Ruhe und Bewegung und auf ihre Erscheinungsweise in Natur und Ich, Objekt und Subjekt. Anstelle eines durchgängigen Themas durchdringen diese elementaren Gegensätze wie ihre Vermittlungen und Übergänge die einzelnen Gedichte[106].

Die Strukturprinzipien des Zyklus zeigen sich Stoffels in allen Motivbereichen. Im Aufzeigen dieser Grundmuster wird die Untersuchung jedoch insgesamt zu abstrakt und kompliziert und bleibt es bis zum Schluß. Grund hierfür ist eine Übergenauigkeit, die in ihrer Fixierung auf strukturelle Zusammenhänge und in ihrer Vorliebe für Tabellen den Blick auf das Gedicht verliert. Neben motivischen Bezügen gilt es immer auch die Komposition des Einzelgedichts zu beachten, das mehr ist als nur die Summe seiner Motive, seiner Strukturmerkmale und seiner metrischen Formung. Tabellen dürfen und können die wirkliche Interpretation eines Gedichts nicht ersetzen. Stoffels' Fazit offenbart denn auch ein mangelhaftes Verständnis für die Gedichte:

> Schwierig ist die Frage nach dem Sinn einer solchen Kompositionsmethode zu beantworten, deren dialektisch-dramatischer Ablauf und formale Strenge, deren dominierende Reflexionshaltung und entzaubernde Härte letztlich doch – gemessen an der zeitgenössischen und

106 Stoffels, S. 115.

> Müllers übrigen Produktion – fast unpoetisch spröde und wie in lyrische Form hineingezwungen anmuten.[107]

Die "Frage nach dem Sinn" verrät Stoffels Ratlosigkeit, die ihn nötigt, die eigenen schönen Beobachtungen zu relativieren und in genau solche "negative Bestimmungen" und "hermeneutische Überspanntheiten"[108] zu verfallen, die er an Klaus G. Just kritisiert hatte:

> Dient die deutende Reflexion im Einzelgedicht noch dem Objekt-Subjekt-Übergang und der Ich-Bestimmung durch das Außen, so wird diese Funktion im Verlauf des Zyklus mehr und mehr zu einer desillusionierenden, die die Auflösung des lyrischen Ich und seiner Bezugswelt vorantreibt. Der innere Horizont von Erinnerungen, Vorstellungen und Wünschen wird zunehmend reduziert bis zu einer Wesenlosigkeit, in der sich schließlich überraschenderweise die Rolle des Liedersängers in den Vordergrund schiebt[109].

Der Hauptmangel der Untersuchung scheint mir darin zu liegen, daß Stoffels die Ergebnisse seiner formalen Analysen zu wenig an den Inhalt zurückbindet. Letztlich wird auch hier die stilistische Eigenart der Gedichte, nachdem sie zuerst akribisch herausgearbeitet wurde, negativ bewertet.

Die bereits erwähnte Werkmonographie von Gernot Gad, die 1989 entstanden ist, darf hier noch einmal berücksichtigt werden. Für die Beschäftigung mit der *Winterreise* sind zwei Kapitel besonders wichtig: 'Die Winterreise'[110] und 'Über den Leiermann'[111]. Die eigene bescheidene Intention, daß "hier Vorarbeit für künftige Studien geleistet werden"[112] soll, übertrifft Gad bei weitem. Der Versuch,

> die 'Winterreise' als einen Konzentrationspunkt von Literatur- und Geistesgeschichte zu erfassen, als eine Dichtung, die die Kraft der

---

107 Stoffels, S. 143.

108 Stoffels, S. 97.

109 Stoffels, S. 143.

110 Gad, S. 117-141.

111 Gad, S. 182-189.

112 Gad, S. 122.

> Opposition zur Gegenwart aus dem Rückgriff auf Vergangenes gewinnt[113],

gelingt Gad anhand einer exemplarischen Besprechung dreier Gedichte: Sein besonderes Verdienst dabei ist es, daß er den Einfluß Andreas Gryphius' auf die *Winterreise* nachweist: "Es ist kein Zufall, daß Müller Byron und Gryphius mit denselben Worten charakterisierte, die dann auch auf die 'Winterreise' zutreffen sollten."[114] Besonders das Eingangsgedicht 'Gute Nacht' weist frappierende Motivanklänge zu Gryphius-Gedichten auf. Eine ausführliche Interpretation des Gedichtes 'Der stürmische Morgen' läßt den "oppositionellen Charakter der 'Winterreise' auch in politischer Hinsicht glaubhaft"[115] werden. Und anhand des Gedichtes 'Der Lindenbaum' wird die Beziehung zu Dantes 'Göttlicher Komödie' veranschaulicht. Das Kapitel 'Über den Leiermann' beschäftigt sich ausführlich mit diesem, den Zyklus abschließenden Gedicht und versucht eine Antwort darauf zu finden, welche "Vorstellung ... Müller selbst mit dem 'Leiermann' verbunden"[116] hat. Gad deutet das Gedicht werkimmanent und zeigt,

> daß der Leiermann einen Gegenentwurf, eine Art Negativbild zu Müllers dichterischem Selbstverständnis in dreifacher Hinsicht darstellt. Ästhetisch steht er in Opposition zum 'Waldhornisten', literarhistorisch zum 'Volkssänger' und biographisch zum Autor Müller selbst.[117]

Auf diese interessante Interpretation wird an späterer Stelle noch zurückzukommen sein.[118]

Mit dem inneren Zusammenhang zwischen der Textfassung Müllers und den Kompositionen Schuberts (1827) und Bredemeyers (1984) beschäftigt sich

113 Gad, S. 122.

114 Gad, S. 123.

115 Gad, S. 130.

116 Gad, S. 183.

117 Gad, S. 183.

118 Vgl. mein Kapitel 'Der poetologische Aspekt in der 'Winterreise': Die Frage nach der Rolle der Kunst', S. 141 f.; S. 152 f.

Ute Wollnys 1991 erschienener Aufsatz 'Ortstermin: Lindenbaum.'[119] Die Frage: "Welches Textverständnis ist in der Musik geronnen?"[120] wird exemplarisch am Gedicht 'Der Lindenbaum' untersucht. Vorausgeschickt wird – die Gedichte beim Wort nehmend, "wörtlicher einmal, als es bei Poesie erlaubt ist"[121] – eine genaue Rekonstruktion des räumlich-zeitlichen und inhaltlichen Verlaufs der *Winterreise*, um "Müllers Dramaturgie des gesamten Gedichtzyklus"[122] besser verstehen und um die Funktion des 'Lindenbaum'-Gedichts im Kontext erläutern zu können. Daran schließen sich Schlußfolgerungen bezüglich der musikalischen Kompositionen von 1827 und 1984: "Bredemeyers 'Lindenbaum'-Vertonung steht der Schubertschen diametral gegenüber. Innerhalb des Zyklus wird dieses Lied zur verwundbarsten Stelle überhaupt"[123]. Für die Textanalyse erweist sich Wollnys genaues Lesen als sehr fruchtbar. Der nüchterne Blick konzentriert sich auf Fakten: So ergibt Wollnys Rekonstruktion eine Zeitdauer der *Winterreise* von ca. 18 Stunden. Ungeachtet der Frage, ob dieses Ergebnis en detail haltbar ist, hat Wollny doch damit Licht auf die tatsächlichen Zeitverhältnisse der *Winterreise*, die länger erscheint als sie ist, geworfen.

Der nächste Titel, der in diesen Zusammenhang gehört, ist Jochen Hörischs ebenfalls 1991 erschienener Aufsatz ''Fremd bin ich eingezogen' – Die Erfahrung des Fremden und die fremde Erfahrung in der 'Winterreise''[124]. Neben diesem vielversprechenden Titel enthält der Aufsatz eine informative Einleitung, die auf das Hauptthema der Entfremdung in der

---

119 Wollny, Ute: Ortstermin: Lindenbaum. Spurensicherung zu Text und Zeichen, Noten und Nöten der 'Winterreise' von Wilhelm Müller, in: Formstrukturen und Sinnstrukturen in der Kunst. Wissenschaftliche Zeitschrift der Humbold-Universität Berlin. Geistes- und Sozialwissenschaften 40, 1991, S. 101-107.

120 Wollny, S. 105.

121 Wollny, S. 101.

122 Wollny, S. 104.

123 Wollny, S. 105.

124 Hörisch, Jochen: "Fremd bin ich eingezogen" – Die Erfahrung des Fremden und die fremde Erfahrung in der 'Winterreise', in: Athenäum. Jahrbuch für Romantik 1, 1991, S. 41-67.

Winterreise vorbereitet. Hörischs Ausgangspunkt dabei ist die Frage nach dem "törichten Verlangen" des Winterreisenden, das Thomas Mann im *Zauberberg* als "unabwendbare(s) Einsamkeitsverhängnis"[125] und Theodor W. Adorno in seinem Schubertaufsatz als "qualitative Veränderung des Menschen"[126] notiert, und das in der *Winterreise* "keine sinnfällige und d.h. immer auch: keine psycho-logische Antwort"[127] fände. Das Leitmotiv in der Untersuchung ist das Schubertsche Lied, das diese Thematik aufgreift. So kommt Hörisch zunächst auf das Gedicht 'Der Wanderer'[128] des Schmidt von Lübeck wie auch auf drei Lieder aus der *Schönen Müllerin* zu sprechen, bevor er sich eingehend mit der *Winterreise* befaßt. Diesem Teil des Aufsatzes haften indessen Mängel an, die vorab genannt werden müssen: Hörisch stützt sich, entgegen seiner Angaben[129], auf Schuberts Text und Liederfolge, mit allen, auch einzelne Wörter betreffende, Abweichungen vom Original. Die Strophen gliedert er so, wie sie in der Vertonung erscheinen, d.h. aus dem sechsstrophigen 'Lindenbaum'-Gedicht macht er ein dreistrophiges, im Gedicht 'Die Post' nimmt er gar keine Strophengliederung vor, das vierstrophige 'Wirtshaus'-Gedicht wird zu einem zweistrophigen umfunktioniert. Daß es sich bei einem solchen Vorgehen um philologische Schlamperei handelt, bedarf keiner weiteren Begründung.

Was den Inhalt und die Argumentationsweise des Hauptteils betrifft, so wird man enttäuscht. Zu bemängeln ist nicht nur Hörischs umständlicher Duktus[130], sondern auch ein zunehmendes Vorbeilesen am Text, je mehr er

---

125 Zit. bei Hörisch, S. 41.

126 Zit. bei Hörisch, S. 42.

127 Hörisch, S. 43.

128 Auch unter den Titeln 'Der Fremdling' oder 'Der Unglückliche' überliefert.

129 Vgl. Hörisch, S. 42, Anm. ohne Nummer: "Die Gedichte Wilhelm Müllers werden nach der Ausgabe von H.-R. Schwab bei 'insel taschenbuch' zitiert und nicht einzeln nachgewiesen."

130 Daß ich mit diesem Eindruck nicht alleine dastehe, möge ein Zitat aus Hermann Kurzkes Rezension belegen: "Die Unverständlichkeit mancher Beiträge" – zu ihnen gehört auch der von Hörisch "in der ihm eigenen Diktion" geschriebene Aufsatz – "ist nicht nur den Manierismen einer ehrgeizigen Einschüchterungsprosa geschuldet, sondern wird an den avanciertesten Stellen als notwendiger Fluchtpunkt des modernen Denkens betrachtet."

sich auf die poetische Landschaft der *Winterreise* einläßt. Unbekümmert wird ein einziger Grundgedanke vielfach variiert, ohne daß die Argumentation dadurch vorankäme. Die Hauptthese ist, daß das Thema der verlassenen Liebe zunehmend "den Problemfeldern von doppelsinnig zu verstehender Ruhe und Bedeutsamkeit"[131] weiche:

> Denn der Liebende verstrickt sich affektiv zunehmend mehr in die bedeutsame Differenz, die ihn von der Liebsten scheidet. Bedeutsam darf diese Differenz heißen, weil sie als diese Differenz selbst stets bedeutender wird. Und sie wird bedeutender, weil sie Bedeutung freisetzt. Diese Bewegung, die Bedeutsamkeit und Differenz ineinander windet, wird zum eigentlichen Ideal des Problems der 'Winterreise' – und nicht etwa die Psychologie des Liebesleids. Sie ist vielmehr bloßer Schauplatz der Probleme von Differenz und Bedeutsamkeit.[132]

Beim Versuch, die innere Situation des Wanderers zu umschreiben, verirrt sich Hörisch gelegentlich in den widersprüchlichsten Formulierungen: Weil der Wanderer "die Suche nach zentrischem Sinn und begründenden Prinzipien endlich aufgibt, wird ihm die befremdliche Erfahrung einer Welt zuteil, die bedeutsam ist um ihrer Sinnlosigkeit willen."[133] Solcherart Textanalyse hat, wie mir scheint, kaum mehr etwas mit der *Winterreise* zu tun und ist für das Verständnis des Textes unbrauchbar.

Die letzte hier zu berücksichtigende Arbeit ist Heinz Wetzels jüngst erschienener Aufsatz 'Wilhelm Müller, 'Die schöne Müllerin' und 'Die Winterreise': Die Frage nach den Zusammenhängen'. Wie schon der Titel nahelegt, beschäftigt sich Wetzel mit der vielfach gestellten Frage nach der Authentizität der beiden bekanntesten Müllerschen Zyklen, mit der Frage nach ihrer Verankerung in Müllers Biographie. Denn im Unterschied zu Müllers übriger Produktion stelle insbesondere die *Winterreise*, so Wetzel,

(Kurzke, Hermann: Heraus aus der Sinnmühle. Die frechen Buben der Romantik und ihre gar wilden Nachfahren, in: Frankfurter Allgemeine Zeitung 185 vom 12.8.1991, S. 22).

131 Hörisch, S. 51.

132 Hörisch, S. 51-52.

133 Hörisch, S. 65.

> die durch die Originalität ihrer Bilder noch weiter über die übrige Dichtung Müllers hinausgehoben ist als 'Die schöne Müllerin', vor ein besonderes Problem: Mit dem Thema der unbedingten, bis in den Nihilismus reichenden und manchmal sarkastisch vermittelten Einsamkeit hat Müller die gemeinschaftsfördernde Lieddichtung hinter sich gelassen. Hier scheint sich tatsächlich eine 'individuelle' Erfahrung mitzuteilen, noch dazu eine, die dem Gemeinschaftserlebnis, das sich sonst im Lied manifestiert und durch das Lied gesteigert wird, entgegengesetzt ist. Im Unterschied zu seiner sonstigen Lieddichtung mögen den beiden Zyklen deshalb die Urteilskriterien, nach denen Erlebnislyrik sonst beurteilt wird, angemessen sein[134].

Wetzel zeigt, daß Müller mit der *Schönen Müllerin* "beginnt, sich von seiner populären Lieddichtung zu entfernen"[135], und wie sich in der Anknüpfung an deren Thematik und Motivik auch in der *Winterreise* eine authentische Erfahrung - die der "absoluten Einsamkeit"[136] - formuliert. In Müllers Biographie findet Wetzel Hinweise darauf, daß Müller gerade für die Erfahrung der Einsamkeit "so disponiert war, daß sie ihm beim Schreiben zuteil wurde"[137]: Zu nennen wären hier, neben Müllers hypochondrischem Charakter, die beiden unglücklichen Liebesbeziehungen in Müllers Jugend, die in der Basedowschen Familie als "Mesalliance" betrachtete Ehe Müllers mit Adelheid, aber vor allem die Zweifel Müllers an seiner dichterischen Schaffenskraft, die durch Goethes Nichtbeachtung bestätigt schienen.

Von den vielen Versuchen, die *Winterreise* aus der Biographie Müllers zu erklären, scheint mir Wetzels Ansatz am überzeugendsten, weil er den Begriff 'Erlebnis' weiter faßt, als es bisher der Fall war. Er sucht nicht einfach nach der biographischen Vorlage für die *Winterreise*, sondern er fragt nach den verschiedenen Umständen in Müller Leben, die zur Manifestation einer bestimmten seelischen Grundstimmung beigetragen haben könnten, welche in der *Winterreise* ihren Ausdruck findet.

---

134 Wetzel (2), S. 141.

135 Wetzel (2), S. 143.

136 Wetzel (2), S. 143.

137 Wetzel (2), S. 163.

Auf eine zunehmende Auseinandersetzung der Forschung mit dem Müllerschen Œuvre bleibt zu hoffen: Die auf vier Bände angelegte, von der Leipziger Germanistin Dr. Maria-Verena Leistner besorgte historisch-kritische Werkausgabe – ein lange erwartetes Desiderat der Müller-Forschung – ist, nach zehnjähriger Arbeit, nunmehr fertiggestellt, auch "bereits lektoriert, der Einleitungs-Essay, aus der Feder des Germanisten Bernd Leistner, geschrieben."[138] Der Aufbau-Verlag, bei dem die Ausgabe erscheinen sollte, war aus Kostengründen vom Vertrag zurückgetreten. Die am 5. März 1994 gegründete 'Internationale Wilhelm-Müller-Gesellschaft', die ihren Sitz in Berlin hat, und die 'literaturWERKstatt berlin' setzten sich aktiv dafür ein, daß dieses Projekt dennoch realisiert werden kann. Der Berliner Gatza-Verlag übernimmt nun die Edition. Die Ausgabe soll bis zum 200. Geburtstag Wilhelm Müllers am 7. Oktober 1994 vorliegen. Die von Dr. Ute Wollny-Bredemeyer organisierte 1. internationale wissenschaftliche Wilhelm-Müller-Konferenz, die anläßlich des 200. Geburtstages vom 7. bis 9. Oktober 1994 in Berlin stattfinden wird, ist ein weiterer wichtiger Schritt, eine ernsthafte und angemessene Auseinandersetzung mit dem Werk des berühmten Unbekannten zu fördern. Auf die Früchte all dieser Aktivitäten wird man gespannt sein dürfen.

4. Intention und Methode der vorliegenden Arbeit

Die meisten der besprochenen Forschungsbeiträge zur *Winterreise* lassen sich, trotz ihrer unterschiedlichen Perspektiven, in einem Punkt miteinander vergleichen: Sie stützen sich auf den rein inhaltlichen Aspekt der *Winterreise*, auf ihren weltanschaulichen Horizont. Solche Reduzierung des Zyklus auf seine inhaltliche Dimension, sei sie psychologischer (Baum, Cottrell), religiös-existentieller (Just), literaturgeschichtlich-soziologischer (Popp, G. Hartung),

138 Renate Schostack: Müllers Pein. Das Schicksal einer Edition, in: Frankfurter Allgemeine Zeitung vom 16.3.1994, S. 37.

philosophiegeschichtlich-politischer (Frank), modernistisch-ästhetizistischer (Hörisch) oder biographischer Natur (Wetzel), wird aber der *Winterreise* als Dichtung und d.h. als künstlerischer Aussage nur teilweise gerecht. Wem es darum geht, Müllers Gedichtzyklus als literarisches Kunstwerk zu würdigen, darf es m.E. nicht versäumen, philologisch detaillierte Formanalysen – sowohl des zyklischen Ganzen als auch der Einzelgedichte – vorzunehmen, zumal Müller selbst gerade auch den formalen Aspekt seiner Lyrik sehr stark betonte. Seine volkstümliche Sageweise ist kein Indiz für Einfältigkeit oder gar Banalität, die es rechtfertigen würden, sich nicht näher damit zu beschäftigen. Im Gegenteil entsteht gerade dadurch erst die Möglichkeit, unter dem Deckmantel der Harmlosigkeit tiefgreifende und verstörende Einsichten in einer Schärfe zutage treten zu lassen, wie sie in der Form des Volksliedes größer kaum mehr denkbar ist. Die Wirkung, die von diesen Gedichten ausgeht, haben alle Interpreten gespürt und als Befremdung verzeichnet. Schubert war einer der ersten, der sich ihrer elektrisierenden musikalischen und poetischen Subtilität nicht zu entziehen vermochte und seine Deutung vornahm. Zu dem so entstandenen musikalisch-literarischen Gesamtkunstwerk hat die Musikwissenschaft – die ihr Handwerk besser als die Literaturwissenschaft zu verstehen scheint – mit verschiedenen feinsinnigen Analysen der musikalischen Struktur dazu beigetragen, das Verständnis des Liederzyklus zu vertiefen. Entsprechendes ist auf dem Gebiet der Müllerphilologie erst ansatzweise (in den Arbeiten von Cottrell, Gad, G. Hartung, Popp, Stoffels, Wollny) geschehen.

An diesem Punkt setzt meine Arbeit an. Ich möchte zeigen, daß Wilhelm Müllers Zyklus, auch neben Schubert, keiner "Ehrenrettung" bedarf, sondern für sich stehen kann. Dabei ist es nicht etwa meine Absicht, nun umgekehrt Schubert gegenüber Müller zu degradieren. Vielmehr bin ich der Ansicht, daß eine genaue Analyse auch auf das Verständnis der Schubertschen Komposition zurückwirken kann.

Die Prämisse meiner Untersuchung ist die Überzeugung, daß die Gedichtanordnung Müllers nicht beliebig ist, sondern genauestens kalkuliert. Ausgehend von der Feststellung Günther Baums werde ich zeigen, daß aus der

Reihenfolge der Gedichte ein sukzessive sich entwickelndes psychisches Geschehen abzulesen ist. Dies zeigt sich auf motivischer Ebene in zweierlei Form. Zum einen läßt die Variation immer wiederkehrender Motive lineare Abläufe erkennen. Daneben gibt es zyklische Prozesse, die sich auf psychischer Ebene als Wiederholungen einer bestimmten Grunderfahrung äußern. Diese beiden Bewegungsabläufe können, wie schon Alan P. Cottrell festgestellt hat, auf formaler Ebene als die wesentlichen Strukturprinzipien des Zyklus erkannt werden. Im Aufzeigen struktureller Zusammenhänge komme ich der Vorgehensweise von Ludwig Stoffels z.T. recht nahe. Wenn ich bei der Besprechung der Motivkonstanten ähnliche Wege einschlage, so will dies nicht als Konkurrenz verstanden sein. Aber ich möchte eine Alternative bieten und andere Gewichtungen vornehmen. Die Ergebnisse einer formalen Analyse müssen an den Inhalt zurückgekoppelt werden und umgekehrt. Eine Interpretation wird dem Zyklus als Dichtung erst dann gerecht, wenn sie die formale Ebene, neben der inhaltlichen, miteinbezieht. Erst vor dem Hintergrund der formalen-sprachlichen Struktur kommt die inhaltliche Dimension zum Tragen und erhält so ihre Glaubwürdigkeit. Beide Bereiche sind polar aufeinander bezogen. Um dies zu erkennen, ist es notwendig, immer wieder eingehende Detailanalysen vorzunehmen.

Mein methodisches Vorgehen vollzieht sich in drei Schritten. Zunächst behandle ich die Motive, an denen sich lineare Prozesse aufzeigen lassen. Das sind zum einen die Bewegungsmotive der Wanderschaft, des Wassers und des Windes, zum andern die Motive des körperlich-seelischen Bereichs: der Augen, der Tränen und des Herzens.

In einem zweiten Schritt komme ich auf die Motive zu sprechen, die die zyklische Struktur innerhalb der *Winterreise* unterstreichen: die existentiellen Motive der Täuschung, der Desillusionierung und der Todessehnsucht. Diese müssen anders behandelt werden als die vorigen. Denn in ihnen drückt sich eine immer wiederkehrende Grunderfahrung aus, die sich an keinem konstanten Bildmaterial festmachen läßt, sondern in allen Bereichen präsent ist.

Umfassende Gedichtanalysen werden immer dort vorgenommen, wo es mir angemessen erscheint: bei den einzelnen Motivuntersuchungen immer dann, wenn das besprochene Motiv den Schwerpunkt des jeweiligen Gedichts bildet. Die Einordnung ist nicht immer auf Anhieb einleuchtend, zumal, wenn es in einzelnen Gedichten zu Motivüberschneidungen kommt. Es ist meine subjektive Entscheidung, die die Ergebnisse aber, wie ich hoffe, rechtfertigen mögen. Die meisten Gedichtanalysen enthält das zweite Motivkapitel, weil hier naturgemäß größere Themenkomplexe berührt werden.

In einem dritten Schritt schließlich komme ich auf das den Zyklus abschließende Gedicht vom 'Leiermann' zu sprechen, in dem eine Poetologie entworfen wird. Ich werde zeigen, wie sich von hier aus Rückschlüsse auf den gesamten Zyklus ziehen lassen und wie das Motiv des Schreibens – das im Zyklus vereinzelt auftaucht – zu deuten ist. Hier ist auch der Ort, an dem abschließende Überlegungen zur Form des Zyklus zur Sprache kommen werden.

III. Die zyklische Kohärenz der *Winterreise*

1. Entstehungsgeschichte

Daß in Wilhelm Müllers Leben kein unmittelbarer biographischer Anlaß zur Entstehung der *Winterreise* gegeben scheint – Müller befand sich zu dieser Zeit in keiner scheiternden Liebesbeziehung, sondern war glücklich verheiratet –, hat viele Interpreten befremdet und zu den unterschiedlichsten Spekulationen verleitet: Die einen sehen hinter den Gedichten den "Ausdruck eines Welt- und Zeitbewußtseins", "das er (Müller) selbst nicht teilte, dessen zeittypische Bedeutung er aber stark empfand"[1], oder folgern daraus einen ins Wort gefaßten "unindividuelle(n) Typus des Erlebens".[2] Die anderen vermuten frühe Todesahnungen Müllers.[3] Die dritten wiederum stellen einen Zusammenhang zwischen der *Winterreise* und der mißglückten Brüsseler Liebesgeschichte oder seiner Begegnung mit Luise Hensel fest.[4]

Wie immer es sich auch verhalten haben mag, wir wissen darüber nichts. Auch wird die Frage nach dem Zusammenhang von Biographie und Dichtung oft zu eng gefaßt, fehlt doch einem Großteil aller Dichtung ein derartiger biographischer Kern, ohne daß sie deshalb unwahr oder unhistorisch wäre.

Was man hingegen mit Sicherheit wird behaupten dürfen, ist, daß Müller – wie alle Romantiker – die Erfahrung der Entfremdung gekannt haben muß, um Lieder von solch einer psychologischen Tiefenschärfe überhaupt schreiben zu können. Belege hierfür ließen sich etwa aus verstreuten Briefen Müllers zitieren, insbesondere denen, die er – in Sorge um

---

1 Hartung, G. (1), S. 71.

2 Popp, S. 99.

3 Baumann (2), S. 67-68; Cottrell (2), S. 67-68.

4 Wetzel (2), S. 165.

die politischen Verhältnisse in Deutschland – nach seinem glücklichen Italienaufenthalt verfaßt hat.[5] Im Brief an Rumohr von 1818 heißt es etwa:

> Das Vaterland hat mich mit Reif, Schnee und Nebel begrüßt, das wäre noch zu ertragen, aber, aber, die Philisterei / verzeihen Sie den burschikosen Ausdruck / stürzt so schrecklich auf mich ein, wie auf den Simson, als er die Säulen umriß, die den Festsaal der Goliathsbrüder trugen. Ich weiß nicht, ob es allen Leuten so geht, die aus Italien heimkehren: Ruhl fühlt es noch stärker. In Wahrheit, wenn es überall in Deutschland ist, wie in München, so muß ich es bedauern, Italien je betreten zu haben, oder mein ganzes Streben dahin richten, es wieder zu sehen. Nichts will mir hier behagen.[6]

In der dem Freund Atterbom gewidmeten Vorrede des zweiten Bandes von *Rom, Römer und Römerinnen* von 1820 kommt dieses Lebensgefühl noch prägnanter zum Ausdruck. Müller schreibt:

> Und somit grüße ich Sie in Ihrem altheiligen Vaterlande, nicht wie das Buch, dessen Schreiber mir fremd geworden ist, scherzend und spielend; nein, ernst und kurz; denn die große Fastenzeit der europäischen Welt, der Marterwoche entgegensehend und harrend auf Erlösung, verträgt kein gleichgültiges Achselzucken und keine flatterhaften Vermittelungen und Entschuldigungen. Wer in dieser Zeit nicht handeln kann, der kann doch ruhen und trauern.[7]

Eng verbunden mit der deutschen Misere war die Enttäuschung über die Entwicklung der Befreiungskriege in Griechenland, die ein Symbol für die eigene Befreiung waren.

Wovon man – neben diesen nur am Rande zitierten Fakten – mit aller Bestimmtheit ausgehen kann, ist, daß Müller seine historischen Quellen sehr genau gekannt und die für den weltanschaulichen Horizont der *Winterreise*

---

5 Auch Gernot Gad betont diesen Zusammenhang: "Nirgends ist der Schock deutlicher als im radikalen Stimmungsumschwung bei seiner Ankunft in Deutschland. Das elegische Pathos wendete sich in politische Klage." (Gad, S. 121). Gleichzeitig vermeidet es Gad, "Müllers Rückkehr nach Deutschland als Erlebniskern der 'Winterreise' zu deuten. Festzuhalten bleibt jedoch, daß diese Erfahrung das Bewußtsein Müllers veränderte und den Bekenntnischarakter des Zyklus glaubhaft werden läßt. Die 'Winterreise' kann zwar nicht als ausschließlich politisches Dokument verstanden werden; ihre oppositionelle Tendenz jedoch wäre ohne die zeitgeschichtlichen, mithin auch politischen Voraussetzungen undenkbar." (Gad, S. 122).

6 Brief an Rumohr vom 15.11.1818, in: Wahl, S. 75.

7 Müller (8), Bd. 2, Vorwort, o. S.

einschlägigen Motive zielsicher aufgegriffen und weiterverarbeitet hat. Neben der antiken Literatur, der Literatur des Mittelalters[8], dem umfangreichen Bestand des deutschen Volksliedes und den von Müller selbst edierten deutschen Barockdichtern[9] hat vor allem das romantische Wanderlied unmittelbar auf Müllers Lyrik eingewirkt. Hier knüpfte er an eine lange Tradition an.

> Mit Vorliebe ließen sich die jüngeren Romantiker von den Handwerker- und Abschiedsgedichten des 'Wunderhorns' anregen, aber schon in Uhlands 'Wanderliedern', dem hochgeschätzten Muster der Gattung, war auf alte Sprache und auf volkstümliche Rollenfiguren verzichtet und dafür ein gewisser Anschluß an die Gegenwart und das Empfinden bürgerlicher Intellektueller hergestellt worden, ohne daß der Liedcharakter litt. (...) Ein Grund für das Gelingen lag sicher darin, daß in der damaligen Wirklichkeit eben das Wandern, zumal das studentische Wandern einen sozialen Bereich bot, in dem die Klassenunterschiede zwar nicht aufgehoben waren, aber doch junge Bürger mit Menschen aus dem Volk auf natürliche Weise zusammenkommen und deren Denk- und Lebensweisen kennenlernen konnten. (Ein anderer war das Heer der Befreiungskriege; es ist sicher kein Zufall, das die meistgesungenen Volkslieder des 19. Jahrhunderts Wander- und Soldatenlieder sind.) Volle Angleichung der dichterischen Subjektivität an das Bewußtsein der Handwerksgesellen und der Fahrenden aller Art (...) konnte natürlich nicht stattfinden (...). Unbewußt oder bewußt lag dem Wandern und seinem Liedausdruck eine Opposition gegen die Seßhaften, Besitzenden, 'die Trägen, die zu Hause liegen', und damit gegen das Bürgertum im eigentlichen Sinne des Wortes zugrunde.[10]

---

8 Müller hat zu Beginn seiner Berliner Studienzeit die Gedichte des Troubadours Geoffrey Rudel aus dem Altfranzösischen übersetzt. Ein Motiv, das Rudel häufig verwendet und das für die höfische Liebeslyrik zentral wurde: die Anwesenheit der Geliebten im Herzen des Liebenden, hat Müller sicherlich inspiriert. Die Troubadour-Lyrik ihrerseits geht auf antike Quellen, besonders Ovid, zurück. Daneben war natürlich Dante von eminenter Bedeutung für die gesamte deutsche Romantik. Gernot Gad weist insbesondere auf Motivanklänge an den 13. Gesang der 'Hölle' in Dantes 'Göttlicher Komödie' im Gedicht 'Der Lindenbaum' hin. (Gad, S. 139 f.)

9 Vor allem Andreas Gryphius hat auf Müllers Werk entscheidend eingewirkt. So haben Wendungen wie "Nackt ein, nackt ziehn wir aus der Zeit / Nichts folgt uns wann wir sterben" aus dem Gedicht 'Rede eines Todten aus seinem Grabe' ganz deutlich auf die 'Winterreise' abgefärbt. (Vgl. Gad, S. 123 ff.)

10 Hartung, G. (1), S. 70.

Unmittelbaren Einfluß auf den Titel des Zyklus dürfte Johann Georg Jacobis Reisebeschreibung *Winterreise* von 1769 sowie das zu den Uhlandschen 'Wanderliedern' gehörende Gedicht 'Winterreise' genommen haben.[11] Beiden Texten entnahm Müller außerdem wesentliche Motive für seinen Zyklus.[12]

In die Entstehungszeit der *Winterreise* fällt auch Müllers Beschäftigung mit Lord Byron, über den er in der *Urania* 1822 einen kritischen Aufsatz veröffentlichte und einen Artikel im Brockhausschen Konversationslexikon schrieb. Seine Charakterisierung der Byronschen Gedichte wurde oft mit dem Lebensgefühl, das sich in der *Winterreise* äußert, in Verbindung gebracht:

> Unheilbarer Schmerz, starr verzweifelndes Leiden, Lebensüberdruß und Menschenhaß, ohne Sehnsucht und Hoffnung auf ein besseres Dasein und ein erhöhtes, geläutertes Menschengeschlecht, sprechen uns klagend oder verspottend aus allen Gedichten des Lords an; daneben aber flammende Begeisterung für die Herrlichkeit der Vorwelt, Freiheitswonne und Tyrannenhaß, gigantischer Trotz auf Menschenkraft; und im Augenblicke alles wieder hinschmelzend in zärtlichen Jammer, in Seufzer nach verlorenem, unwiederbringlich verlorenem Liebesglück.[13]

Die Form des Zyklus ist kurz zu beschreiben: Er umfaßt 24 Gedichte mit zumeist jambischem oder trochäischem Versmaß, über ein Drittel davon ist in

---

11 Die 'Winterreise' Uhlands lautet folgendermaßen: "Bei diesem kalten Wehen / Sind alle Straßen leer, / Die Wasser stille stehen, / Ich aber schweif' umher. // Die Sonne scheint so trübe, / Muß früh hinuntergehn, / Erloschen ist die Liebe, / Die Lust kann nicht bestehn. // Nun geht der Wald zu Ende, / Im Dorfe mach' ich halt, / Da wärm' ich mir die Hände, / Bleibt auch das Herze kalt." (Uhland, Ludwig: Gedichte, hrsg. v. Hans-Rüdiger Schwab, Frankfurt a.M. 1987, S. 45).

12 Mehrere "parallele Wendungen und Formulierungen zwischen Jacobis und Müllers 'Winterreise' sind unverkennbar. Einige seien hervorgehoben: 'der Dohlen heiseres Geschrey' (7); 'eine Erndte? mitten im Winter? warum nicht?' (9); 'Ihr, welche das Geschick in Wüsteneyen trug' (13); 'kein Glück ist ohne Ruhe' (52) 'und danket dem, der ihn zum Tode schuf' (52)." (Hörisch, S. 57, Anm. 22). Hörisch bezieht sich auf die Ausgabe Johann Georg Jacobi: Winterreise, Düsseldorf 1769.

Ludwig Stoffels nennt neben dem Gedicht 'Winterreise' noch vier weitere Wanderlieder Uhlands, die in Müllers Zyklus nachklingen: 'Nachtreise', 'Abreise', 'Einkehr' und 'Heimkehr'. "Uhlands Wanderer (aber) ist kein Verjagter, der seine Liebesbindung und alle menschlichen Kontakte verloren hat, vielmehr spielt er durch die Rolle des Unbehausten hindurch mit diesen Konstanten, um desto sicherer wieder zurückzukehren." (Stoffels, S. 94).

13 Zit. bei Hartung, G. (1), S. 71.

der klassischen Form der Volksliedstrophe geschrieben. Nur vier der Gedichte weichen von der vierzeiligen Strophenform (Reimschema abab oder abcb) ab und verwenden den Paarreim. Darauf wird bei der Interpretation zu achten sein. "Außer dem einmal genannten 'Bächlein' tauchen keine formelhaften Diminutive mehr auf, und noch weniger finden sich alte Verbformen, ein 'wohl', 'gar' oder ein nachgestelltes Adjektiv"[14], wie sie das Volkslied verwendet.

Der Zyklus *Die Winterreise* erschien, wie die meisten Zyklen Müllers, nicht von Anfang an als Einheit. Am 16. Januar 1822 schrieb Müller an Brockhaus: "Verehrtester Freund, Sie erhalten meine poetischen Beiträge zur Urania 1823."[15] Neben sieben 'Ländlichen Liedern' befindet sich darin unter dem Titel 'Wanderlieder'[16] 'Die Winterreise. In 12 Liedern'. Weitere zehn Lieder erschienen im März 1823 in Schalls und von Holteis *Deutschen Blättern für Poesie, Litteratur, Kunst und Theater.* Als einheitlicher Zyklus in der endgültigen Form, durch die beiden Gedichte 'Die Post' und 'Täuschung' ergänzt, erschien *Die Winterreise* im Jahr 1824 im zweiten Band der *Gedichte aus den hinterlassenen Papieren eines reisenden Waldhornisten. Lieder des Lebens und der Liebe.*[17] Interessant und für die spätere Interpretation des Zyklus von Bedeutung sind die Umstellungen, die Müller in der Anordnung der Gedichte für die 'Waldhornistenlieder'-Ausgabe vorgenommen hat. Zum Vergleich seien hier die Gedichte, wie sie a) in der *Urania* 1823, b) in den

14 Hartung, G. (1), S. 70.

15 Lohre, S. 157.

16 Auch durch diesen Titel wird die Beziehung zu Uhland unterstrichen.

17 Diesen äußerst künstlichen und programmatischen Titel hat Gernot Gad genauer hinterfragt. (Vgl. Gad, S. 86-101). In poetologischer Hinsicht ist es von Bedeutung, daß Müller für die Ausgabe - ebenso wie für den ersten Band der 'Waldhornistenlieder' - nur als Herausgeber, nicht als Autor zeichnet. Ein doppeltes Rollenspiel läßt sich darin erkennen. Durch die angenommene Rolle des "reisenden Waldhornisten", der viel in der Welt herumgekommen ist, soll die Authentizität der Gedichte verbürgt, ihre Themenvielfalt legitimiert werden. In der Rolle des Herausgebers, in der Müller überdies als Nachlaßverwalter fungiert, reiht sich Müller planmäßig unter diejenigen, die das Erbe des Volkslieds für ihre eigene Zeit fruchtbar zu machen bemüht waren. "In einer Zeit, in der keine scharfe Trennung zwischen Original und Nachbildung üblich war, wäre ein Titel wie derjenige Müllers gar nicht verstanden worden." (Gad, S. 89).

Deutschen Blättern (Db) und c) im zweiten Band der *Gedichte aus den hinterlassenen Papieren eines reisenden Waldhornisten* (W II)[18] aufeinanderfolgen, nebeneinandergestellt:

W II	(Sch)	Urania	Db	Neu in W II
1.	(1.)	1. Gute Nacht		
2.	(2.)	2. Die Wetterfahne		
3.	(3.)	3. Gefrorene Thränen		
4.	(4.)	4. Erstarrung		
5.	(5.)	5. Der Lindenbaum		
6.	(13.)			Die Post
7.	(6.)	6. Wasserfluth		
8.	(7.)	7. Auf dem Flusse		
9.	(8.)	8. Rückblick		
10.	(14.)		1. Der greise Kopf	
11.	(15.)		3. Die Krähe	
12.	(16.)		2. Letzte Hoffnung	
13.	(17.)		4. Im Dorfe	
14.	(18.)		5. Der stürmische Morgen	
15.	(19.)			Täuschung
16.	(20.)		7. Der Wegweiser	
17.	(21.)		8. Das Wirthshaus	
18.	(9.)	9. Das Irrlicht		
19.	(10.)	10. Rast		
20.	(23.)		6. Die Nebensonnen	
21.	(11.)	11. Frühlingstraum		
22.	(12.)	12. Einsamkeit		
23.	(22.)		9. Muth!	
24.	(24.)		10. Der Leiermann	

18 Nach dieser Ausgabe werden die Gedichte im folgenden zitiert.

Die Reihenfolge der zuerst erschienenen zwölf Lieder aus der *Urania* ist beibehalten, aber an drei Stellen durch Einschübe durchbrochen: 1) Zwischen 'Der Lindenbaum' und 'Wasserfluth' fügt Müller das neu hinzugekommene Gedicht 'Die Post'. 2) Zwischen 'Rückblick' und 'Das Irrlicht' reiht er die ersten acht Lieder aus Db ein, wobei aber erstens 'Letzte Hoffnung' und 'Die Krähe' gegeneinander vertauscht und zweitens das Gedicht 'Die Nebensonnen' durch das neu hinzugekommene Gedicht 'Täuschung' ausgewechselt wird. 'Die Nebensonnen' ihrerseits setzt Müller zwischen 'Rast' und 'Frühlingstraum' aus der *Urania*-Folge. 3) Den Schluß des Zyklus bilden die beiden letzten Gedichte aus Db: 'Muth!' und 'Der Leiermann'.

Bei Schuberts Vertonung der *Winterreise* (Sch) weicht die Reihenfolge der Lieder von der Originalfassung ab. Kennt man aber die oben dargelegte Vorgeschichte, so ist die Frage nach der Differenz der Müllerschen und der Schubertschen Gedichtfolge denkbar einfach zu beantworten: Die erste Abteilung der Schubertschen *Winterreise* ist identisch mit den Gedichten aus der *Urania*. Er vertonte sie im Februar 1827. Die übrigen zwölf Gedichte, die die zweite Abteilung bilden, vertonte er in einer zweiten Schaffensphase erst im Oktober 1827 in der Reihenfolge, in der er sie in W II vorfand. Die Buchausgabe mit dem vollständigen Zyklus ist ihm offensichtlich erst zu diesem Zeitpunkt in die Hände gekommen. Folgerichtig fügte er 'Die Post' als erstes gegenüber der *Urania*-Fassung neu hinzugekommenes Gedicht an die erste Abteilung an. Die anderen ließ er folgen unter Auslassung der bereits vertonten. Die einzige Umstellung, die Schubert wirklich vornahm, ist die Neupositionierung der 'Nebensonnen' zwischen 'Muth!' und 'Frühlingstraum'.

Es zeugt von einer erstaunlichen Unkenntnis des Sachverhalts, wenn Klaus G. Just schreibt:

> dennoch mußte Schubert – aus Gründen der musikalischen Motivation – Umstellungen innerhalb der Gedichtreihe vornehmen. Ein Vergleich der Gedichtfolge bei Müller mit den Umstellungen durch Schubert würde wahrscheinlich zu vertieften Einsichten in das zyklische Bauprinzip überhaupt führen.[19]

19 Just, S. 470, Anm. 41.

Auch Peter Härtlings Deutung überzeugt wenig, wenn man sich die Entstehungsgeschichte der Schubertschen Liederfolge vor Augen gehalten hat:

> Bis zum fünften Lied hält sich Schubert an die Vorlage. Dann greift er entscheidend ein. Er zerstört den 'romantischen' Zusammenhang, indem er das Gedicht 'Die Post', das mit dem Aufklingen des Posthorns noch einmal an das 'Liebchen' erinnert, herauslöst und nun schroff und eisig die 'Wasserflut' an den 'Lindenbaum' anschließt. Schubert hat motivisch genau gelesen.[20]

Immerhin muß betont werden, daß Härtling der Müllerschen Gedichtfolge – indem er den "romantischen Zusammenhang" eigens hervorhebt – doch eine Eigenständigkeit zuerkennt.[21]

Es scheint mir müßig, aus der Schubertschen Gedichtanordnung, nachdem man ihr Zustandekommen kennt, etwaige Schlüsse bezüglich des "zyklische(n) Bauprinzip(s)" oder andere Schlußfolgerungen ziehen zu wollen. Daß Schubert seine Liederfolge nachträglich nicht an die Müllersche anglich, hat vermutlich allein kompositionstechnische Gründe. Interessanter erscheint mir die Frage nach den Umstellungen Müllers bis zur endgültigen Form. Hierfür dürften sich eher Begründungen finden lassen, die den zyklischen Zusammenhang beleuchten. In den folgenden Kapiteln werde ich auf diesen Sachverhalt immer wieder zurückkommen, indem ich die Folgerichtigkeit der Gedichtanordnung im Rahmen der jeweiligen Motivbesprechungen begründe.

---

20 Härtling (1), S. 72.

21 Warum Härtling mit keinem Wort auf die Entstehungsgeschichte der Schubertschen Abfolge eingeht, leuchtet nicht ein, umso weniger, als der von ihm im Anhang aufgeführte Max Friedländer bereits auf das Verhältnis zwischen Vorlage und Komposition hingewiesen hatte. Dort heißt es: "Müllers Liederreihe 'Die Winterreise' erschien 1824. Die erste Hälfte des Cyklus hatte der Dichter bereits ein Jahr vorher im Taschenbuch: Urania veröffentlicht; dieses Taschenbuch bildete Schubert's Vorlage für die Lieder No. 1-12. - In der Buchausgabe v. J. 1824 änderte Müller nicht nur an vielen Stellen den Text, sondern auch die Reihenfolge der Gedichte". (Friedländer, Max: Schubert-Album. Sammlung der Lieder für eine Singstimme mit Pianofortebegleitung, Bd. 1, Leipzig o.J., S. 261).

2. Das Bezugsgeflecht der konstanten Bilder und Motive

2.1. Die polyphone Struktur der *Winterreise*

Die *Winterreise* verfügt nur über wenige wesentliche Bilder und Motive, deren Geflecht die Gesamtstruktur der zugrunde liegenden Seelenlandschaft konstituiert. Sie gruppieren sich in einer ähnlich 'musikalischen' Ordnung wie die Einzelstimmen eines polyphonen Satzgefüges. Jedes Motiv ist dabei einem bestimmten Motivstrang zugehörig, der als in sich geschlossene Linie dem Zyklusganzen kunstvoll eingeflochten ist. Die Motive bilden, wie bereits erwähnt, drei große Gruppen: Das sind zum einen die Bewegungsmotive der Wanderschaft, des Wassers und des Windes, zum andern die Motive des körperlich-seelischen Bereichs: die der Tränen, der Augen und des Herzens. Diese beiden Gruppen unterstreichen die Linearität der Handlung im Zyklus. Die dritte Gruppe umfaßt den Komplex der existentiellen Motive von Täuschung, Desillusionierung und Todessehnsucht, in deren Zusammenspiel eine immer wiederkehrende Grunderfahrung variiert wird.

Die Ausprägung der einzelnen Motivketten ist unterschiedlich. Es gibt Haupt- und Nebenthemen. Naturgemäß ist, wie der Titel *Winterreise* verrät, die Wanderschaft das zentrale Thema. Dieses ist untrennbar an das Motiv des Winters geknüpft, welches sich im Bildfeld von Schnee, Reif und Eis bewegt. Neben diesem Doppelmotiv, das durchgängig im Zyklus erscheint, sich in seiner Bedeutung immer gleich bleibt und somit der Stabilisierung der Handlung dient, gibt es intermittierende Motive. Sie dominieren in einem bestimmten Abschnitt des Zyklus, werden dann fallengelassen oder verlieren an Bedeutung, indem ein anderes Motiv stärkeres Gewicht erhält, und werden später vielleicht wieder aufgenommen, inzwischen verändert. Das Motiv der Tränen etwa erscheint nur im ersten Drittel des Zyklus (in: 'Gefrorene Thränen', 'Erstarrung', 'Wasserfluth'), gleichwohl ist dasselbe Bildfeld in den Wörtern "Angesicht" ('Die Nebensonnen') oder "mein Auge" ('Frühlingstraum') an späterer Stelle wieder gegenwärtig. Umgekehrt wird das Motiv der

Täuschung erst in der zweiten Zyklushälfte virulent ('Täuschung', 'Das Irrlicht'), obwohl es auch schon früher anklingt ('Der Lindenbaum': "Und seine Zweige rauschten / Als riefen sie mir zu" (Konjunktiv); 'Der greise Kopf': "Da meint' ich schon ein Greis zu sein").

Die Einzelmotive verbinden sich nicht nur zu solchen Motivketten, sondern gehen auch andere, oft subtilere Verbindungen miteinander ein. So sind beispielsweise die Tränen nicht nur mit dem Schnee, sondern auch aufs engste mit dem Fluß verknüpft, wie es das Gedicht 'Wasserfluth' nahelegt. Imaginativ werden die drei Motive zusammengeführt und bilden eine Linie: Die Tränen fallen in den Schnee, dieser schmilzt und wird – den Tränen nachfolgend – vom Bächlein aufgenommen, wo der Bach an einer ganz bestimmten Stelle die Tränen glühen fühlt. Unterschwellig sind diese Motive natürlich auch an das Bildfeld von Reif und Eis gekoppelt: In allen Fällen handelt es sich um das Element des Wassers, nur in unterschiedlichen Aspektierungen bzw. Aggregatzuständen.

Abstraktere Motive schließlich, wie das des Todes, gehen ebenfalls Verbindungen mit den übrigen ein, indem sie deren Bedeutungen ins Symbolische erweitern: Die Landschaft des Winters, der Erstarrung, ist die symbolische Landschaft des Todes. Das Herz bildet darin eine Art Bezugszentrum. Es ist das psychische Zentrum des Geschehens, der Schauplatz der Gefühle.

Wie ich bereits erwähnt habe, werde ich die Motive in der Reihenfolge: 1) Bewegungsmotive, 2) Motive des körperlich-seelischen Bereichs, 3) existentielle Motive behandeln. Zu Beginn werde ich zunächst den räumlich-zeitlichen Verlauf der *Winterreise*, die konkreten äußeren Stationen des Weges beschreiben, um im Anschluß ausführlich auf die Einzelaspekte innerhalb der jeweiligen Motivgruppen zu sprechen zu kommen. Ich orientiere mich dabei stets an der psychischen Erlebniskurve des lyrischen Ich, d.h. ich werde aufzeigen, welche allegorische Bedeutung die Bilder und Motive in ihrer Beziehung zu seelischen Vorgängen haben und für diesen Zweck, wo es nötig erscheint, immer wieder den inneren Zusammenhang mit anderen Gedichten herstellen.

2.2. Die Bewegungsmotive

2.2.1. Das Zentralmotiv der Wanderschaft

Das zentrale Thema der *Winterreise* ist das Wandern. Es klingt schon im Titel des Zyklus an, der das Motiv der Reise mit dem des Winters verknüpft und damit beides zugleich präludiert: die Haupthandlung selbst wie auch deren Schauplatz. Noch läßt diese Überschrift viele Assoziationen zu, doch bereits das erste Gedicht präzisiert den Charakter der Reise und grenzt diese auf einige entscheidende Leitthemen ein. 'Gute Nacht' bildet den Auftakt für die Wanderung eines einzelnen Ich, die unverkennbar allegorische Züge trägt: Das uralte Thema der mythischen Reise ist angeschlagen.[22]

Gute Nacht.

Fremd bin ich eingezogen,
Fremd zieh' ich wieder aus.
Der Mai war mir gewogen
Mit manchem Blumenstrauß.
Das Mädchen sprach von Liebe,
Die Mutter gar von Eh' –
Nun ist die Welt so trübe,
Der Weg gehüllt in Schnee.

Ich kann zu meiner Reisen
Nicht wählen mit der Zeit:
Muß selbst den Weg mir weisen
In dieser Dunkelheit.
Es zieht ein Mondenschatten
Als mein Gefährte mit,

22 Mitzubedenken ist hier auch der Einfluß des Werks von Andreas Gryphius. Wie Gad nachgewiesen hat, bedeutet "Nacht" bei Gryphius "metaphorisch den desolaten Zustand der Welt". "Die Wendung 'Gute Nacht' (...) bezeichnet stets den Gruß eines von der Welt Scheidenden." (Gad, S. 125). Ebenso hat Gad herausgefunden, daß das Gedicht das Lied 'Good Night' zitiert, welches der Protagonist in Byrons 'Childe Harold's Pilgrimage' singt. (Vgl. Gad, S. 129 f.)

Und auf den weißen Matten
Such' ich des Wildes Tritt.

Was soll ich länger weilen,
Bis man mich trieb' hinaus?
Laß irre Hunde heulen
Vor ihres Herren Haus!
Die Liebe liebt das Wandern, –
Gott hat sie so gemacht –
Von Einem zu dem Andern –
Fein Liebchen, gute Nacht!

Will dich im Traum nicht stören,
Wär' Schad' um deine Ruh',
Sollst meinen Tritt nicht hören –
Sacht, sacht die Thüre zu!
Ich schreibe nur im Gehen
An's Thor noch gute Nacht,
Damit du mögest sehen,
Ich hab' an dich gedacht.

'Gute Nacht' ist ein programmatisches Gedicht: die erste Strophe liefert das Motto, unter dem der gesamte Zyklus zu lesen ist: "Fremd bin ich eingezogen, / Fremd zieh' ich wieder aus." Das doppelte auftaktige "Fremd" steht an hervorgehobener Position und verhält sich kontrastiv zu der vertraulich klingenden Überschrift ebenso wie zu den nachfolgenden vier Versen, die eine vergangene Szenerie von Frühling und Liebe heraufbeschwören.

Dieser Grundtenor durchzieht die ganze erste Strophe: die Spannung zwischen Erinnerung und Gegenwart, Frühling und Winter, Verweilen und Wandern, Liebe und Entfremdung. Der unreine Reim von "Liebe" und "trübe" markiert die Diskrepanz ebenso wie der Wechsel von Präsens zu Präteritum oder die klanglichen Veränderungen: Während in den Doppelversen, die den Mittelteil umrahmen, die harten Frikative und Explosivlaute ("Fremd", "eingezogen", "Fremd", "zieh'", "ist", "trübe") neben den engen "i"-Assonanzen ("bin", "ich", "zieh'", "ich", "wieder", "ist", "die", "in") klanglich dominieren, überwiegen im Erinnerungsbild die weichen "m"- ("Mai", "mir", "mit", "manchem", "Blumenstrauß", "Mädchen", "Mutter") und die hellen "a"-

Laute ("war", "manchem", "das", "sprach", "gar"). Der Gedankenstrich am Ende des sechsten Verses liest sich optisch wie ein Signal des Abstandnehmens oder auch des Abgewiesenwerdens: ein Ausstoßen des Ich aus der Geborgenheit menschlicher Gemeinschaft in die unwirtliche und einsame Welt des Winters. Dies ist der Ausgangspunkt für die *Winterreise.*

Die zweite Strophe konzentriert sich auf die Gegenwart des Ich. Nach dem Abschied vom Ort der gescheiterten Liebe ist der Wanderer auf sich selbst zurückgeworfen. Hier kann er auf nichts Vorgegebenes mehr zurückgreifen. Symbolisch steht dafür die "Dunkelheit", in der er sich seinen Weg aus innerer Notwendigkeit heraus ("Ich kann ... Nicht", "Muß") erst suchen muß. Die innere Zerrissenheit, die aus dieser ungesicherten Situation resultiert, findet ihr bildliches Äquivalent im zweiten Teil der Strophe: Ich und Schatten treten auseinander. Das sehr eindringliche Bild lebt durch die konsequent eingehaltene Hell-Dunkel-Kontrastierung: Vor dem weißen Hintergrund der Schneefläche und dem von oben kühl herabfließenden Mondlicht[23] hebt sich die Figur des Wanderers in Begleitung seines Schattens gespensterhaft ab und läßt diesen in seiner Vereinzelung stark hervortreten. Die Spurensuche im Schnee korrespondiert mit der Suche nach dem eigenen Weg. Der Wanderer steht dabei in einer inneren Beziehung zum "Wild": beide befinden sich abseits von Urbanität und Zivilisation, beide sind "Fremd".

In der dritten Strophe reflektiert das Ich über den Entschluß, Abschied zu nehmen. Es sucht nach einer Begründung. Das Motiv des Wahnsinns leuchtet im Bild der "irre(n) Hunde" auf und dient als Antwort: Ein längeres Verweilen im Haus der Geliebten hätte bedeutet, unter dem zunehmenden Druck der inneren Spannung der Bedrohung des Wahnsinns gefährlich nahe zu kommen. Enttäuschung und Sarkasmus sprechen aus diesen Versen. Sie verdichten sich in der zweiten Halbstrophe zu einer Aussage, die den metaphysischen Horizont mit einzubeziehen bemüht ist. Die Wanderschaft "Von Einem zu dem Andern" wird als das Wesen der von Gott erschaffenen Liebe deklariert. Die Deutung entbehrt allerdings der Überzeugungskraft, da der gebrochene

---

23 Im Volksglauben gilt der Mond als der Wanderer der Nächte.

rhythmische Fluß sich ihr entgegenstellt. Der dreimalige Gedankenstrich am Ende der Verse fünf bis sieben bewirkt, durch die Länge der Pause, ein stockendes Lesen. Rhythmisch wird dadurch ein inneres Zögern veranschaulicht, das die Liebe in Frage stellt. Unvermittelt wird im letzten Vers der Strophe die Geliebte angesprochen und so die verlorene Vertrautheit noch einmal tröstlich der metaphysischen Kälte entgegengehalten.

Die vierte Strophe knüpft daran an und rückt die unmittelbare Nähe der Geliebten thematisch ins Zentrum. Von ihr nimmt der Wanderer nun auf behutsame Weise Abschied. Schritt für Schritt scheint er sich zu entfernen. Eine Türe wird leise geschlossen, um die Geliebte nicht aus dem Schlaf zu wecken. Ihr, der Zurückbleibenden gehört der Traum, aus dem der Wanderer jäh erwacht ist. Ans Tor wird noch eine Botschaft geschrieben, die als Andenken verstanden sein will. Mit diesem Schriftbild ist die Unmittelbarkeit des Grußes "gute Nacht" schon zum Zitat geworden. Die Konventionen des bürgerlichen Lebens haben sich für den Wanderer in ihr Gegenteil verkehrt.

Die Vorgeschichte für diesen Aufbruch in die Winternacht wird nicht breit thematisiert, nur angedeutet. Man erfährt nichts darüber, wie es zu dem Treuebruch gekommen ist. Erst das zweite Gedicht 'Die Wetterfahne' verrät, daß der Kontrahent eine bessere Partie für das Mädchen bedeutet, und vermutlich spielen auch standesübliche Gründe eine Rolle. All das ist aber nicht wichtig, für die Thematik des Zyklus zumindest von untergeordneter Bedeutung. Denn die *Winterreise* erzählt keine Geschichte, wie es im Zyklus *Die schöne Müllerin* noch der Fall ist, sondern gibt das vielschichtige Bild eines seelischen Zustandes wieder, der den Schlußpunkt der vorangegangenen Liebes-Geschichte darstellt. Um diesen Zustand kreisen die Gedichte. Und doch wird der Eindruck einer fortlaufenden Handlung suggeriert: Stationen der Wanderschaft sind ganz deutlich vor allem im ersten Drittel des Zyklus zu erkennen. Die Reise führt durch eine winterliche Landschaft mit schneebedeckten Wiesenflächen, Bäumen, Straßen, Wegen, Flüssen, Felsschluchten, Häusern, Städten bzw. Dörfern. Der Wanderer wird auf dieser Reise mit den unterschiedlichsten Wetter- und Lichtverhältnissen konfrontiert: dem scharfen Wind, der Windstille, Eiseskälte und Wärme, Dunkelheit und Licht. Bei genauem Hinsehen ergibt sich, daß die Reise insgesamt drei Tage dauert[24], und daß zwischen den Wetterverhältnissen und dem geographischen Verlauf des Weges offensichtlich ein Zusammenhang besteht: Der Weg führt in eine gebirgige Landschaft. Je mehr der Wanderer bergan steigt, desto stürmischer wird es. Ab 'Das Irrlicht' führt der Weg wieder bergab. Danach hat sich der Wind auch gelegt, und die "Wolkenfetzen" ('Der stürmische Morgen") sind zur "trübe(n) Wolke" ('Einsamkeit') kondensiert. Eine gewisse Logik ist hier also zu erkennen; dadurch wird der Eindruck einer Fortbewegung vermittelt. Zugleich aber werden alle Elemente mit dem seelischen Erleben des Wanderes verknüpft und zwar so, daß sie ihre Bedeutung als Konkreta zunehmend verlieren: sie dienen nur noch als äußere Entsprechungen für die Kontraste im Innern des Ich. Hinzu kommt, daß der konkrete zeitliche Rahmen der Reise von nur drei Tagen gesprengt bzw. verzerrt wird durch zahlreiche ungenaue Zeitangaben wie "manche Stunde" ('Der Lindenbaum'), "einmal" ('Die Post'), "Kömmt mir der Tag in die Gedanken" ('Rückblick'), "Vom Abendroth zum Morgenlicht", "Auf dieser ganzen Reise" ('Der greise Kopf'), "bis heute", "endlich" ('Die Krähe'). Die Dauer einer Reise von drei Tagen hat damit nur noch symbolischen Charakter.

Versucht man nun den Weg des Wanderers in der *Winterreise* nachzuzeichnen, bemerkt man, daß dessen Konturen im Verlauf der Handlung in zunehmendem Maße verschwimmen. Vermag man anfangs noch eine klare Linie des Weges zu erkennen, so erhält man im Fortgang den Eindruck, als löse diese sich auf, bräche nach und nach ab, um auf einer anderen Ebene doch weiterzuführen: Der Ausgangspunkt der Reise und die gegenwärtige Situation haben im Erleben des Wanderers ihre Beziehung zueinander verloren. Durch diesen Bruch wird die Erfahrung von Kontinuität unterbunden.

---

24 Entgegen Ute Wollnys Lesart, in deren Rekonstruktion die Zeitdauer der Reise einen knappen Tag ergibt, lege ich die Dauer der Reise auf drei Tage aus. Auf die Gefahr der Überinterpretation halte ich mich dabei so weit wie möglich an die Chronologie der Gedichtanordnung, wenn auch eine gewisse Schwierigkeit darin liegt, daß die Anordnung der Gedichte nicht den exakten chronologischen Verlauf der Reise nachzeichnet. Einschübe, Rückblenden sind möglich. Der 'Lindenbaum' etwa muß chronologisch früher liegen als 'Erstarrung', denn die "grüne Flur" ist doch eher außerhalb der Stadttore liegend anzunehmen.

Ein und dieselbe Grundsituation wiederholt sich in vielfacher Variation. Sie verleiht der Wanderschaft den Eindruck von Kreisförmigkeit.

Der räumlich-zeitliche Verlauf der *Winterreise* ist kurz zu beschreiben: Der Ausgangspunkt des Weges wurde in 'Gute Nacht' bereits vorgezeichnet. Von hier aus macht sich der Wanderer, Haus und Hof hinter sich zurücklassend, auf den Weg durch die winterliche Landschaft. Aus dem zweiten Gedicht des Zyklus geht hervor, daß er sich noch einmal umwendet und zurückblickt. Dabei reflektiert er über die Wetterfahne, die auf dem Dach des Hauses im Wind pfeift. Indirekt ist dann der Gang über eine schneebedeckte Wiese zu erkennen: "Hier, wo wir oft gewandelt / Selbander durch die Flur" ('Erstarrung'). Diesem Weg folgt das Ich, wobei die erinnerte Handlung – der Gang mit der Geliebten – und das jetzige Gehen miteinander kontrastieren. Der Weg führte zuvor bis zum 'Lindenbaum', "Am Brunnen vor dem Thore", und an diesem vorbei zum Stadttor hinaus, wo die "kalten Winde" dem Wanderer ins Gesicht bliesen.[25] Von dort aus entfernt er sich schließlich noch "manche Stunde", aber doch nur so weit, daß das Posthorn der Postkutsche, die direkt aus der Stadt kommt, zu ihm herübertönt ('Die Post').

Der Wanderer scheint sehr langsam zu gehen, oft stehen zu bleiben, sich umzublicken. Schließlich kommt er an einem zugefrorenen Fluß vorbei, in dessen Eisdecke er den Namen der Geliebten, sowie die Tage des Kennenlernens und des Abschiedes eingraviert ('Auf dem Flusse'). Durch diese Handlung innerlich aufgestört, beschleunigt er plötzlich seine Schritte.

Das forcierte Tempo ist hier zu beachten. Es nimmt im Verlauf der *Winterreise* immer mehr zu und gelangt in 'Der Wegweiser' zu einem dramatischen Höhepunkt: "Und ich wandre sonder Maßen / Ohne Ruh' und suche Ruh'." In 'Das Irrlicht' wird es als "irre(s) Gehen" bezeichnet, während es in 'Einsamkeit' als träges Dahinziehen fast völlig erlahmt ist. Im Rahmen

25 Ich schließe mich hier der Interpretation G. Hartungs an, der den Lindenbaum innerhalb der Stadtmauern annimmt, nicht außerhalb, und dafür stichhaltige Argumente liefert. (Vgl. Hartung, G. (3), S. 30-31).

der anderen Motivkapitel werde ich noch detaillierter darauf zu sprechen kommen. Hier ist mir allein die Wegbeschreibung wichtig.

In 'Rückblick' fängt der Wanderer an zu laufen, um die Türme der Stadt, die in der Ferne noch sichtbar sind, schnell aus dem Auge zu verlieren ('Rückblick'). Offensichtlich ist es inzwischen auch Tag geworden, sonst wäre es ihm wohl nicht möglich, diese Türme zu sehen, selbst wenn der Vollmond die nächtliche Dunkelheit erhellte und der Wanderer von einem höhergelegenen Standpunkt aus zurückblickt: Daß der Weg zumindest ein wenig bergan steigt, geht aus dem Gedicht 'Wasserfluth' hervor, denn das "Bächlein", das den Schnee aufnehmen soll, muß in der Nähe sein und fließt in Richtung der Stadt, aus der der Wanderer kommt.

Die bisherigen Stationen und Wegabschnitte lagen alle innerhalb oder im Umfeld der Stadt. Aus deren Sichtkreis hat sich der Wanderer nun endgültig entfernt. Nur noch eine Krähe, die ihn die ganze Zeit über umflogen hatte, ist eine letzte Begleitung aus der Stadt, die er verlassen hat ('Die Krähe').

Die nächste konkrete Station ist ein Dorf, welches der Wanderer in der zweiten Nacht erreicht und das sich ihm durch akustische Signale mitteilt: Hundegebell, Kettengerassel, das Schnarchen der Schläfer ('Im Dorfe'). Er kommt hier nicht zum Ausruhen, die Hunde bellen ihn fort. Man erfährt aber im weiteren nichts darüber, wie er die Nacht verbringt und wie der Weg verläuft.

Der zweite Tag der Reise beginnt mit einem stürmischen Wintermorgen ('Der stürmische Morgen'); vom übrigen Teil des Tages erfährt man wiederum nichts. Erst die nächsten Gedichte lassen erneut einen Weg, wenn auch nur vage, vermuten: Es ist wieder Nacht, die dritte der Wanderschaft, und der Wanderer bemerkt in der Ferne ein nicht näher bezeichnetes Licht. Dieses bestimmt im weiteren die Richtung seines Weges. Er "folgt ihm gern" und hofft auf "ein helles, warmes Haus, / Und eine liebe Seele drin", wenn er auch an der Erfüllung seiner Hoffnung zweifelt und das Licht für eine Sinnestäuschung hält ('Täuschung'). Weiter erfährt man, daß der Wanderer den Weg, "den die andren Wandrer gehn", verläßt und in eine verschneite Felslandschaft gelangt, dort an einem Friedhof vorbeikommt ('Das

Wirthshaus'), und dann wieder einen Lichtschein wahrnimmt ('Das Irrlicht'), dem er "In die tiefsten Felsengründe" hinab nachfolgt. Möglicherweise handelt es sich bei diesem Licht aber auch um das gleiche wie schon in 'Täuschung', wo es von einem anderen Standort aus mal verschwindend, mal wieder auftauchend – je nachdem, was sich gerade vor den Blick geschoben hat – zu erkennen war und deshalb als "freundlich vor mir her"-tanzend beschrieben wurde. Die Topographie der Landschaft ist zu ungenau, um das mit Bestimmtheit sagen zu können, aber möglich wäre es, zumal das Licht mit dem Gedicht 'Rast' wieder mehr in den Bereich des Realen gerückt ist: als Licht nämlich "In eines Köhlers engem Haus", wo der Wanderer für den Rest der Nacht aufgenommen wird. Der Rückbezug zum "helle(n), warme(n) Haus" und zur "liebe(n) Seele" ('Täuschung') erscheint von hier aus recht plausibel. Der dritte – und letzte – Tag der Reise ist ein heller, sehr ruhiger Tag: die Sonne scheint, und der Wanderer blickt wie paralysiert hinein ('Die Nebensonnen'), auch "ein mattes Lüftchen weht" ('Einsamkeit'). Der Wanderer zieht darauf sehr träge und einsam eine Straße entlang, bis er schließlich "Drüben hinterm Dorfe" auf den "Leiermann" trifft, den er anspricht: "Wunderlicher Alter / Soll ich mit dir gehn? / Willst zu meinen Liedern / Deine Leier drehn?"

Was hat dieser Leiermann noch mit der verlassenen Geliebten zu tun? Eine weitere Entfernung und Entfremdung vom Ausgangspunkt der Reise scheint kaum noch möglich zu sein. Als Zielpunkt einer, wenn auch nur dreitägigen Wanderschaft wirkt dieser Schluß befremdlich. Eine Irritierung des Lesers bleibt bestehen. Man ist geneigt, an diesem Finale entlangzurätseln, ihm einen auf die Wanderschaft bezogenen Sinn abzugewinnen. Unterschwellig, so spürt man, muß sich etwas verschoben haben: viele Bilder des Zyklus, besonders die letzten ab dem Gedicht 'Nebensonnen' erscheinen nicht mehr als die konkreten Stationen eines Weges, sondern wirken gebrochen, entwirklicht. In den Vordergrund der Geschichte haben sich die psychischen Erlebnisse des Wanderers gedrängt: es sind die Gefühlsregungen eines dissoziierten Ich.

Die leise Veränderung im letzten Teil des Zyklus wurde sehr kunstvoll vorbereitet, wie erst die genaue Lektüre unter Beachtung der Motiv-Veränderungen ergibt. Brüche innerhalb der Handlung, bewirkt durch die Inflation des seelischen Erlebens, gab es schon vorher. Dennoch wurde die Linearität der Handlung nicht zerstört, zumal auch die übrigen Motivkonstanten, neben dem Motiv der Wanderschaft, die Gedichte untereinander verfugen und so eine Kontinuität ermöglichen. Darauf werde ich nun im weiteren eingehen.

2.2.2. Das Bewegungsmotiv des Wassers

Das wichtigste Naturmotiv, welches die in der Wanderschaft ablaufende Bewegung vermittelt, ist das Wasser. Der Bereich, in dem es sich bewegt, ist in der *Winterreise* weit gespannt: es reicht von der 'Wasserfluth', dem "Bächlein", dem "Bache", den "klaren Rinnen" über den "Fluß" bis hin zum "(Berg-)Strom" oder gar zum "Meer". Das Bild vom fließenden Wasser, vom kleinen Rinnsal, das in immer größere Gewässer mündet und schließlich im Meer aufgeht, ist ein uraltes Motiv. Häufig symbolisiert es den Lebensweg eines Menschen. Nun gibt es aber eine klare, logische Motiventfaltung innerhalb des Zyklus nur scheinbar. Es gibt Brüche bzw. Veränderungen des Motivs, die zum Teil auch in dessen unterschiedlichen Erscheinungsformen zu Tage treten. In fließender Form beispielsweise erscheint das Wasser nur im Innenraum der Erinnerung, der Imagination oder der Reflexion des Ich. Taucht es als konkreter Bestandteil der winterlichen, das Ich umgebenden Natur auf, so ist es dieser selbstverständlich angepaßt, erstarrt, ebenso wie die heißen Tränen, sobald sie das Ich verlassen, zu Eistropfen gefrieren.

Ausgangspunkt der Motivkette ist das Gedicht 'Wasserfluth'.

Wasserfluth.

Manche Thrän' aus meinen Augen
Ist gefallen in den Schnee;
Seine kalten Flocken saugen
Durstig ein das heiße Weh.

Wann die Gräser sprossen wollen,
Weht daher ein lauer Wind,
Und das Eis zerspringt in Schollen,
Und der weiche Schnee zerrinnt.

Schnee, du weißt von meinem Sehnen:
Sag mir, wohin geht dein Lauf?
Folge nach nur meinen Thränen,
Nimmt dich bald das Bächlein auf.

Wirst mit ihm die Stadt durchziehen,
Muntre Straßen ein und aus:
Fühlst du meine Thränen glühen,
Da ist meiner Liebsten Haus.

Die 'Wasserfluth' wird ausgelöst durch die zu Boden fallenden Tränen, mit denen die folgende Vorstellungsreihe beginnt: Das "Bächlein" nimmt, wenn es Frühling wird, den "Schnee" auf, der zuvor wiederum die Tränen aufgesogen hatte, und dieses "Bächlein" fließt zurück bis zum Haus der Geliebten. Dort soll der im Wasser aufgelöste Schnee die "Thränen glühen" fühlen. Die Abfolge von heißen Tränen – kalter Schnee – lauer Wind – Schneeschmelze – Bach ist zunächst logisch, aber sie vollzieht sich nur innerhalb der Imagination und sie verwischt nicht den scharfen Kontrast von heißen Tränen und Schnee. Es gibt keine harmonische Lösung.

Noch deutlicher tritt diese Diskrepanz im folgenden Gedicht 'Auf dem Flusse' hervor.

Auf dem Flusse.

Der du so lustig rauschtest,
Du heller, wilder Fluß,
Wie still bist du geworden,
Giebst keinen Scheidegruß.

Mit harter, starrer Rinde
Hast du dich überdeckt,
Liegst kalt und unbeweglich
Im Sande hingestreckt.

In deine Decke grab' ich
Mit einem spitzen Stein
Den Namen meiner Liebsten
Und Stund' und Tag hinein:

Den Tag des ersten Grußes,
Den Tag, an dem ich ging,
Um Nam' und Zahlen windet
Sich ein zerbrochner Ring.

Mein Herz, in diesem Bache
Erkennst du nun dein Bild?
Ob's unter seiner Rinde
Wohl auch so reißend schwillt?

Die konkrete äußere Wirklichkeit des Wanderers steht der inneren schroff entgegen. Der "helle, wilde", "lustig rauschende" Fluß ist der, den das Ich aus der gemeinsamen Zeit mit der Geliebten erinnert, aber auch der verfremdete aus der eigenen Imagination. Jetzt ist er zugefroren. Der Wanderer versucht nun im weiteren gegen diese harte Realität anzugehen, versucht die Spannung zwischen Einst und Jetzt zu mildern, indem er mit einem Stein die Eisdecke des Flusses einritzt. Mit diesem Akt gleicht er die Natur (bzw. den Fluß als deren pars pro toto) seinem eigenen inneren Befinden an. Seine Vergangenheit, seine Geschichte, seine Wanderschaft stehen nun in dem Fluß geschrieben. In dieser Weise kommt er der Natur näher und sie ihm. Die ursprüngliche Fremdheit wird gelockert durch einen Akt der Verfremdung. Das so verfremdete Naturobjekt hält er sich nun vor Augen und re-flektiert sich darin. In diesem Oxymoron sind die zuvor noch einander kontrastiv gegenübergestellten, sich ausschließenden Elemente des Flüssigen ("Bächlein") und des Festen ("harter, starrer Rinde") bzw. des Beweglichen und des Unbeweglichen ganz nahe zusammengerückt. Einst und Jetzt gehen fast ineinander über, jedoch eine vollständige Verschmelzung gelingt nicht.

Noch einmal wird der rauschende Fluß im folgenden Gedicht ('Rückblick') ins Gedächtnis zurückgerufen: "Die klaren Rinnen rauschten hell", aber dies bleibt, wie das ganze Gedicht, nur ein 'Rückblick'. Die Unvereinbarkeit von Einst und Jetzt, oder – im Bild des Wassers ausgedrückt – vom fröhlich rauschenden Bach und dem zugefrorenen Fluß bleibt bestehen. Es gelingt auch keine Annäherung mehr wie noch zuvor durch den Akt des Eingravierens und der so ermöglichten Identifikation mit der Natur ('Auf dem Flusse') oder durch die weit in die Erinnerung hineinreichende Imagination ('Wasserfluth'). Man wird bei der Besprechung der anderen Motivketten sehen, daß sie dieses Ergebnis unterstreichen. Das Gedicht 'Rückblick' bildet die Bruchstelle zwischen alter und neuer Welt. Ab hier ist ein Zurück nicht mehr möglich, ab hier ist der Wanderer wirklich in der Fremde.

Nachdem das Wasser nun in drei aufeinander folgenden Gedichten präsent war, erscheint es erst wieder – und dadurch wird der Bruch unterstrichen – gegen Ende des Zyklus und in völlig veränderter Form im Gedicht 'Das Irrlicht': "Durch des Bergstroms trockne Rinnen / Wind' ich ruhig mich hinab – / Jeder Strom wird's Meer gewinnen, / Jedes Leiden auch ein Grab." Nicht nur ist aus dem "Bächlein" und dem "Fluß" hier der "Bergstrom" geworden, der unterwegs ist zum Meer; der Unterschied ist viel gravierender. Der Bergstrom ist ausgetrocknet, vom Element des Wassers ist in keiner Form mehr die Rede. Der Fluß ist zum Stillstand gekommen, fließt auch nicht unterirdisch fort, wie noch in "Auf dem Flusse". Vor diesem Hintergrund bekommt der das Gedicht abschließende Parallelismus etwas geradezu Absurdes: "Jeder Strom wird's Meer gewinnen, / Jedes Leiden auch ein Grab." Was hier in der Form eines Sprichworts ausgesagt ist, verheißt nicht, wie das erste oberflächliche Lesen vermuten läßt, das tröstliche Aufgehen des Stroms im Meer bzw. die Überwindung allen menschlichen Leidens im Tod, sondern das genaue Gegenteil. Hier wird Bewegung nur simuliert, Bewegung, die schließlich zu einem Ziel – sei es das Meer, sei es das Grab – hinführen soll. Tatsache jedoch ist, daß die Bewegung aufgehört hat. Durch die "trockne(n) Rinnen" des Bergstroms fließt nichts mehr, also – so ließe sich der Parallelismus umkehren – findet auch kein Leiden ein Grab, also ist die endgültige Ruhe des Wanderers ausgeschlossen.

Dieses Ergebnis fügt sich direkt in die Motivkette von 'Täuschung, Desillusionierung und Todessehnsucht', die ihren Kulminationspunkt im

Gedicht 'Das Wirthshaus' hat. Darauf wird noch an späterer Stelle zurückzukommen sein.

2.2.3. Das Bewegungsmotiv des Windes

Als weiteres durchgängiges Bewegungsmotiv ist, neben dem der Wanderschaft und dem des Wassers, das Motiv des Windes zu nennen. Diesem wird, wie auch dem Wasser, immer eine Richtung zugeordnet. Doch anders als das Wasser kann diese Richtung beständig wechseln. Dort, wo der stete Fluß des Wassers durch das Hinüberwechseln in andere Aggregatzustände – wie Eis, Schnee, Reif, Nebel usw. – nur unterbrochen wird, vollzieht sich die Veränderung des Windes (zum Lufthauch, zum Sturm) auf viel elementarere, potenzierte Weise. Dem Wind kommen die Eigenschaften der Flüchtigkeit, der Unberechenbarkeit, des Eigensinns zu. Nicht nur in der biblischen Metaphorik steht der Wind synonym für den Geist.[26] Oft hat er auch etwas Dämonisches an sich: Der Mensch ist seinem Einfluß unmittelbar ausgesetzt, zumal ein enger substantieller Zusammenhang zwischen dem Wind und dem menschlichen Atem besteht. Im Motiv des Windes kommt das Moment des inneren Kampfes, in dem sich ein Mensch befindet, am stärksten zum Ausdruck.

Diese allegorische Kampfsituation ist auch in der *Winterreise* gegeben. Der Wind ist ein ständiger Begleiter des Wanderers. Er äußert sich zunächst als scharfer, kalter Wind, der schließlich zum Sturm anwächst und zuletzt als "mattes Lüftchen" ('Einsamkeit') fast zum Stillstand kommt. Indiz für die Unmittelbarkeit seiner Wirkung auf das Ich ist die enge Verknüpfung mit dem Herzen. In den wichtigsten Windgedichten ist immer auch vom Einfluß des Windes auf das Herz die Rede.

---

26 Z.B.: "Der Wind bläst, wo er will, und du hörst sein Sausen wohl; aber du weißt nicht, woher er kommt und wohin er fährt. Also ist ein jeglicher, der aus dem Geist geboren ist." (Joh. 3, 8).

Das die Motivkette einleitende Gedicht 'Die Wetterfahne' hebt die Unmittelbarkeit des Windes hervor und bezieht diese auf die Untreue des "Liebchens" gegenüber dem Wanderer.

Die Wetterfahne.

Der Wind spielt mit der Wetterfahne
Auf meines schönen Liebchens Haus.
Da dacht' ich schon in meinem Wahne,
Sie pfiff' den armen Flüchtling aus.

Er hätt' es ehr bemerken sollen,
Des Hauses aufgestecktes Schild,
So hätt' er nimmer suchen wollen
Im Haus' ein treues Frauenbild.

Der Wind spielt drinnen mit den Herzen,
Wie auf dem Dach, nur nicht so laut.
Was fragen sie nach meinen Schmerzen?
Ihr Kind ist eine reiche Braut.

Nachdem der Wanderer das Haus verlassen hat und so zum Flüchtling geworden ist, kann die innere Beziehung zum Wind, der in seiner Eigenschaft ebenso flüchtig ist, erst in Kraft treten. Auslöser dafür ist ein akustisches Signal: die im Wind pfeifende Wetterfahne. Mit dieser Wetterfahne, die gleichfalls ein Sinnbild der Unbeständigkeit ist, "spielt" der Wind, so wie das "Kind" dem Wanderer mitgespielt hatte zugunsten des reichen Kontrahenten. Schon die klangliche Verknüpfung von Wind und Kind unterstreicht diesen Zusammenhang. Das Pfeifen des Windes draußen wird zum ausgesprochenen Gleichnis der Vorgänge "drinnen" – im "Haus" und im "Herzen" –, wo die Geliebte tätig ist. Bild und Gegenbild stehen, sich wechselseitig beleuchtend, einander gegenüber. Dieser Vergleich bestimmt das ganze Gedicht. Lautlich tritt der Wind durch die zahlreichen "i"-Assonanzen in Erscheinung, die sich durch die erste und dritte Strophe ziehen und die ihrerseits mit den "au"-Lauten kontrapunktisch spielen ("Haus", "aus", "Hauses","aufgestecktes", "Haus", "Frauenbild", "laut", "Braut"). In Strophe eins ist die Schärfe des

Windes zudem noch klanglich hervorgehoben durch die häufigen und starken Frikative und Affrikatae ("Wind", "Wetterfahne", "Wahne", "pfiff", "Flüchtling").

Viel elemantarer, nicht mehr von oben herab als ein akustisches Signal, das zu Reflexionen anregt, tritt der Wind im Gedicht 'Der Lindenbaum' in Erscheinung. Durch ein abermaliges Hinaustreten aus der Geborgenheit, diesmal aus den Toren der Stadt, wird der Wanderer auf's Heftigste mit ihm konfrontiert: "Die kalten Winde bliesen / Mir grad' in's Angesicht, / Der Hut flog mir vom Kopfe, / Ich wendete mich nicht." Aus dem "mit der Wetterfahne" spielenden Wind ist nun eine Übermacht von "kalten Winde(n)" geworden, die dem Wanderer frontal begegnen ("grad ins Angesicht") und ihn des letzten Schutzes, seines Huts, berauben. Der Wechsel von drinnen nach draußen, vor die Stadt, im Übergang von der vierten zur fünften Strophe des Gedichts, vollzieht sich mit geradezu schockartiger Deutlichkeit. Der situativen Dunkelheit der Strophen drei und vier antwortet die fünfte Strophe in klarem Kontrast. Den dunklen "u"-Assonanzen ("mußt", "Dunkel", "zugemacht", "Und", "mir zu", "zu mir", "du deine Ruh") entgegnen die hellen "a"-Laute ("kalten", "grad", "Angesicht"). Dem unbestimmten Rauschen der Zweige folgt die klare Richtung der zudem als kalt definierten Winde. Gegenüber dem Konjunktiv ("Als riefen sie mir zu") steht der Indikativ. Auf die unbewußte, unheimliche Verlockung des Baumes ("Komm her zu mir, Geselle ...") folgt die bewußte Entscheidung: "Ich wendete mich nicht." Der Wanderer ist sich in diesem Moment seiner selbst sicher und setzt sich den Winden bereitwillig aus.

Im nächsten Gedicht, in dem der Wind auftaucht, in 'Wasserfluth', wird dieser nur als Bild der Sehnsucht imaginiert, als Element des Frühlings, das den Schnee zum Schmelzen bringt: "Wann die Gräser sprossen wollen, / Weht daher ein lauer Wind, / Und das Eis zerspringt in Schollen, / Und der weiche Schnee zerrinnt." Durch derartige Rückblenden, durch die Rückversetzung eines Motivs in einen vergangenen Zustand mittels der Erinnerung des Ich, wird die Spannung aufrecht erhalten, in der der Wanderer in bezug zur eigenen Vergangenheit steht und die ihn ausgrenzt aus der Gesellschaft anderer Menschen.

Das Gedicht 'Letzte Hoffnung' umspielt, wie das Gedicht 'Die Wetterfahne', ein einziges Sinnbild, zu dem sich das Ich in Beziehung setzt.

Letzte Hoffnung.

Hier und da ist an den Bäumen
Noch ein buntes Blatt zu sehn,
Und ich bleibe vor den Bäumen
Oftmals in Gedanken stehn.

Schaue nach dem einen Blatte,
Hänge meine Hoffnung dran;
Spielt der Wind mit meinem Blatte,
Zittr' ich, was ich zittern kann.

Ach, und fällt das Blatt zu Boden,
Fällt mit ihm die Hoffnung ab,
Fall' ich selber mit zu Boden,
Wein' auf meiner Hoffnung Grab.

Das Spiel des Windes gilt diesmal nicht der Wetterfahne, sondern einem letzten "bunte(n) Blatt" "Hier und da" "an den Bäumen", welches zum Träger der Hoffnung wird. Fällt das Blatt, vom Wind geschüttelt, zu Boden, ist auch die Hoffnung dahin. Das Spiel erinnert an das altbekannte Blütenspiel 'Sie liebt mich – sie liebt mich nicht'. Doch hat die "Hoffnung" im obigen Gedicht umfassendere Bedeutung als bei diesem Kinderspiel. Es geht nicht um die Hoffnung auf eine vielleicht doch noch erfüllbare Liebe, es geht vielmehr um die schlichte Möglichkeit von Hoffnung überhaupt. Es geht um das seelische Überleben des Ich, das hier bei einem extremen Tiefpunkt angelangt ist. Das Fatale an der Situation aber ist, daß die Möglichkeit eines 'guten' Endes von Anfang an nur scheinbar besteht. Es gibt keine Alternativen, da der im Gedicht thematisierte Vergleich von vorne herein hinkt. Das bunte Blatt am Baume ist schon weitgehend abgestorben und früher oder später ohnehin dazu bestimmt herabzufallen. Der Versuch, eine Hoffnung daran zu knüpfen, scheint absurd und zum Scheitern verurteilt. Das Ich ist in dieser Situation nicht frei. Es schaut nur dem zu, was ohnehin geschieht. Der zwangs-läufige Vorgang des Geschehens ist nicht aufzuhalten.

Im Gedicht 'Der stürmische Morgen' hat der Wind an Schärfe zugenommen und ist zum Sturm angewachsen.

Der stürmische Morgen.

Wie hat der Sturm zerrissen
Des Himmels graues Kleid!
Die Wolkenfetzen flattern
Umher in mattem Streit.

Und rothe Feuerflammen
Ziehn zwischen ihnen hin.
Das nenn' ich einen Morgen
So recht nach meinem Sinn!

Mein Herz sieht an dem Himmel
Gemahlt sein eignes Bild –
Es ist nichts als der Winter,
Der Winter kalt und wild!

Das Gedicht liefert in der dritten Strophe selbst den Schlüssel zu seiner Deutung: "Mein Herz sieht an dem Himmel / Gemahlt sein eignes Bild". Wie schon im Gedicht 'Die Wetterfahne' wird hier der Einfluß des Windes draußen auf die Situation drinnen, im Herzen, bezogen. Das Spiel des Windes ist jetzt aber gesteigert zur offenen Zerstörung: Die winterliche Wolkendecke ist "zerrissen" wie – so muß man folgern – auch das Herz. In diesem Zusammenhang nimmt das über die ersten beiden Strophen sich erstreckende Bild des Winterhimmels apokalyptische Dimensionen an: Die "rothe(n) Feuerflammen", die zwischen den "Wolkenfetzen" dahinziehn, legen die Assoziation an Blut nahe, das aus dem zerfetzten Herzen fließt. Mit der Kontrastierung von grau ("graues Kleid") und rot ("rothe Feuerflammen"), ebenso wie mit der von Wasser ("Wolkenfetzen" – Wolken sind, wie man weiß, wasserhaltig) und Feuer ("Feuerflammen") werden die sinnfälligsten

Extreme im gesammten Zyklus dargestellt. Die Farbe "rot" kommt an keiner anderen Stelle im Zyklus vor. Das Bild ist von impressionistischer Eindringlichkeit. Gad zeigt in seiner Interpretation des Gedichts beispielhaft den "oppositionellen Charakter der 'Winterreise' auch in politischer Hinsicht"[27] auf. So deutet er das Farbenspektrum des Gedichts – Blau, Weiß, Rot – überzeugend als einen "Hinweis auf die Trikolore"[28] und damit auf die französische Revolution.

Aus dem Umstand, daß die Angriffsflächen des Sturmes diesmal die Wolken am Himmel sind, läßt sich eine entscheidende Wendung ablesen. Die allegorische Kampfsituation spielt sich auf einer neuen Ebene ab, sie ist in keiner Weise mehr an den Boden geknüpft, ist also gewissermaßen aus einer Verankerung gelöst. 'Die Wetterfahne' war noch befestigt auf dem Dach des Hauses und in dieser Weise mit dem bürgerlichen Leben verknüpft. Der "Hut" ('Der Lindenbaum'), der zuvor noch auf dem Kopf des Wanderers 'befestigt' war, wird in die Stadt – also wieder in die bürgerliche Umgebung – zurückgeweht. G. Hartung "mutet es fast gleichnishaft an, daß ihm (dem Wanderer) beim Eintritt in die unzivilisierte Natur der Hut vom Kopf gerissen wird". Der Wanderer "ist ein Bürger, der das Bürgertum verläßt".[29] Das "Blatt" am Baume ('Letzte Hoffnung') ist zunächst auch noch, allerdings schon auf sehr fragile Weise, befestigt, der Baumstamm ist außerdem fest im Boden verankert. Den Wolken schließlich fehlt jegliche Verknüpfung dieser Art. Sie sind vollends flüchtig. Man kann in der Abfolge dieser Bilder die zunehmende Lösung, Entwurzelung des Wanderers aus der bürgerlichen und, noch allgemeiner, aus der menschlichen Gemeinschaft sehen. Es ist der Prozeß einer wachsenden Entfremdung.

Das nächste Gedicht ('Rast'), in dem das Motiv des Windes – wiederum als "Sturm" – erscheint, nimmt das Moment der Losgelöstheit, das im Bild der Wolken zum Ausdruck kam, auf und bezieht es auf den Wanderer selbst.

---

27 Gad, S. 130.

28 Gad, S. 134 f.

29 Hartung, G. (3), S. 31.

Dieser besinnt sich, im Haus eines Köhlers Rast machend, auf die zurückliegende Wanderschaft: "Die Füße frugen nicht nach Rast, / Es war zu kalt zum Stehen, / Der Rücken fühlte keine Last, / Der Sturm half fort mich wehen." Der Wanderer erscheint hier als jemand, der selbst so losgelöst ist, daß er fortgeweht werden konnte, wie zuvor die Wolken, wie zuvor das Blatt am Baum. Jetzt aber, im Haus des Köhlers, kommt die Bewegung zum Stillstand. Erneut wird das Herz, das ja dem Wirken des Windes unmittelbar ausgesetzt ist, angesprochen und in Beziehung gesetzt: "Auch du, mein Herz, im Kampf und Sturm / So wild und so verwegen, / Fühlst in der Still' erst deinen Wurm / Mit heißem Stich sich regen!" Die 'Rast' im Gedicht ist keine eigentliche 'Rast', im Gegenteil wird die Stille noch als eine Steigerung dessen erlebt, was dem Herzen bisher "im Kampf und Sturm" widerfahren ist. Der Schmerz wird erst im Ruhezustand, wo die Fremdbestimmung von Wind und Wetter die Schmerzen nicht mehr übertäubt, eigentlich spürbar.

Konsequent führt das Gedicht 'Einsamkeit' diesen Sachverhalt fort:

Einsamkeit.

Wie eine trübe Wolke
Durch heitre Lüfte geht,
Wann in der Tanne Wipfel
Ein mattes Lüftchen weht:

So zieh' ich meine Straße
Dahin mit trägem Fuß,
Durch helles, frohes Leben,
Einsam und ohne Gruß.

Ach, daß die Luft so ruhig!
Ach, daß die Welt so licht!
Als noch die Stürme tobten,
War ich so elend nicht.

Der Sturm aus dem Gedicht 'Der stürmische Morgen' hat sich gelegt und in ein "mattes Lüftchen" verwandelt. Die umherflatternden Wolkenfetzen haben sich verdichtet zur "trübe(n) Wolke", die – so ließe sich vermuten – in Gefahr ist, sich völlig in Schnee aufzulösen, wenn überhaupt keine Luftbewegung mehr herrscht. Die Kampfsituation hat einer tiefen Verzweiflung Platz gemacht, die das Ich sich selbst "so elend" fühlen läßt, indem sie ihm seine Situation mit voller Schärfe zum Bewußtsein bringt.[30] In diesem Zusammenhang ist das Bild der "trübe(n) Wolke", nach vorangegangener Dissoziation ("Wolkenfetzen" in 'Der stürmische Morgen'), wohl kaum als Bild der Einheit zu deuten, sondern eher – so signalisiert es schon der Titel des Gedichts – als Bild der Isolation. Das fügt sich in den Kontext der vorangegangenen Motivbetrachtung. Die trübe Wolke ist losgelöst aus allen Beziehungen, an ihr findet auch keine Auseinandersetzung durch das Einwirken feindlicher Winde mehr statt. Diese ist logischerweise auch nicht mehr nötig, weil der Prozeß, der zur völligen Entfremdung des Ich führte, abgeschlossen ist. Der Wanderer steht so weit außerhalb des sozialen Gefüges, daß ihm selbst der Gruß, als die einfachste Geste menschlichen Verhaltens, versagt bleibt ("Einsam und ohne Gruß").

Ein letztes Mal im Zyklus taucht das Motiv des Windes im Gedicht 'Muth!' auf, wo es in einer allgemeinen Formel beschworen wird: "Lustig in die Welt hinein / Gegen Wind und Wetter! / Will kein Gott auf Erden sein, / Sind wir selber Götter." In diesem Gedicht laufen viele Linien des Zyklus zusammen, und der Wanderer, der sich hier äußert, setzt dem bisherigen Geschehen eine Antwort in Form einer heroisch-nihilistischen[31] Weltanschauung entgegen. Er vermag dies überhaupt erst dadurch, daß er außerhalb jeglicher Ordnung steht, wo er ein Vereinzelter ist. Erst von diesem Standpunkt aus kann er sich um-wenden. Dies ist eine völlig neue Haltung des Ich. Es ist nicht mehr hilflos dem Spiel des Windes ausgeliefert, sondern stellt sich ihm mutig, ja vermessen entgegen, indem es weder ihn noch die eigenen Gefühle zur Kenntnis nimmt. Dadurch hat der Wind seine dämonische Macht verloren. Das Ich stellt ihm seine eigene, wenngleich zwanghafte Ordnung

---

30 Nach Fischer-Dieskau äußert sich in 'Einsamkeit' die Klage über die "europäische Friedhofsstille". (Fischer-Dieskau, Dietrich: Auf den Spuren der Schubert-Lieder: Werden, Wesen und Wirkung, Wiesbaden 1971, S. 272).

31 Zur Bezeichnung "heroischer Nihilismus" vgl. Hartung, G. (1), S. 72.

entgegen. Wie diese genau beschaffen ist und auf welchen Voraussetzungen sie beruht, wird noch zu zeigen sein.

2.3. Die Motive des körperlich-seelischen Bereichs

2.3.1. Das Motiv der Tränen

Das Motiv der Tränen taucht insgesamt nur in drei Gedichten des Zyklus auf ('Gefrorene Thränen', 'Erstarrung', 'Wasserfluth'), dort aber mit so eindringlicher Präsenz, daß es im Gedächtnis des Lesers als wichtiger, konkreter Bestandteil der *Winterreise* fest verankert bleibt. Einmal noch schließlich ist es im Motiv des Weinens gegenwärtig ('Letzte Hoffnung'), bevor es ganz fallengelassen wird. Das Bild unterliegt in seinem Gebrauch einer Wandlung.

Das Gedicht 'Gefrorene Thränen' ist vom Bild der Tränen ganz beherrscht.

Gefrorene Thränen.

Gefrorne Tropfen fallen
Von meinen Wangen ab:
Und ist's mir denn entgangen,
Daß ich geweinet hab'?

Ei Thränen, meine Thränen,
Und seid ihr gar so lau,
Daß ihr erstarrt zu Eise,
Wie kühler Morgenthau?

Und dringt doch aus der Quelle
Der Brust so glühend heiß,
Als wolltet ihr zerschmelzen
Des ganzen Winters Eis.

Das Weinen wurde offenbar ausgelöst durch die "Schmerzen", die der Anblick oder das Pfeifen der Wetterfahne auf dem Haus der Geliebten wachgerufen hatte ('Die Wetterfahne'). Nun wird das Weinen aber nicht als spontane körperliche Reaktion auf eine innere Bewegung erlebt, sondern erscheint mehrfach gebrochen. Der Wanderer steht den eigenen Tränen fremd gegenüber. An dem, was geschieht, hat er scheinbar keine Beteiligung. Er weint, ohne es zu merken, die Tränen gefrieren an den Wangen und fallen zu Boden.

Der Rhythmus des Gedichts ist sehr leise und verhalten; auftaktige dreihebige Trochäen bewirken einen schleppenden Gang. Man hat den Eindruck einer lähmenden Müdigkeit des sprechenden Ich. Dreimal im Gedicht beginnt der Auftakt mit einem "Und", wodurch die Unmittelbarkeit des Geschehens noch stärker gedämpft wird. Das Ich scheint sich jedesmal wie aus großer Ferne zu sich selbst zurückzuholen.

Die Form ist Spiegel für die ihr zugrunde liegende psychische Situation: Sehr viel Zeit wird benötigt für einen einzigen sich über das ganze Gedicht erstreckenden und in mehreren Ansätzen sich vollziehenden Gedankengang, der im Grunde banal ist: Durch den kühlen Sinnesreiz der Eistränen aus der Selbstvergessenheit aufgeweckt, bemerkt der Wanderer, daß er geweint hat und fragt sich, warum die sonst so heißen Tränen nun erstarrt sind. Hinter der Banalität dieser Gedankenreihe verbirgt sich die tiefe Orientierungslosigkeit des Ich, das die Tränen nicht mehr als etwas Vertrautes, sondern als Fremdkörper erlebt. Das Weinen bringt nicht mehr die Befreiung aus der Erstarrung, sondern hat Teil an ihr. Das Ich erlebt sich selbst als fremdes, außer sich stehendes, dissoziiertes. Nur mühsam wird es sich seiner selbst gewahr: Ausgehend von den unpersönlichen "Gefrorenen Tropfen" werden "meine Wangen" als konkrete Bestandteile der eigenen Person wahrgenommen. In I,3-4 wird sich das Ich selbst zum Gegenstand der Betrachtung. In II,1 ist von "Thränen" und dann von "meine(n) Thränen" – in dieser Abfolge auch ein scheinbar mühsames Zurückholen der Tränen als eigenem Besitz – die Rede. Doch gleich entgleiten sie wieder aus der Sphäre des Eigenen, Vertrauten, indem sie zum "kühlen Morgenthau" in Beziehung gesetzt werden. Ein weiteres Annähern gelingt nicht mehr: die Brust (nicht: meine Brust) wird als Fremdkörper erlebt. Das Umschlagen des zutiefst Eigenen in Fremdes ist pointiert gefaßt in der Veränderung von Temperatur und Aggregatzustand: was eigentlich heiß und flüssig war, ist nunmehr kalt und zu Eis erstarrt. Das Befremdende dieser Erfahrung läßt gleichzeitig als Gegenreaktion den

Schmerz über das Verlorene und Unwiederbringliche umso stärker aufflackern. Das "doch" in III,1 ist als Gegenbewegung in diesem Sinne zu begreifen, als ein fast kindliches Beharren auf dem gesetzmäßig Gegebenen. Sehnsucht und Resignation liegen in Strophe drei untrennbar nebeneinander und drohen das Ich innerlich zu zerreißen.

Im Gedicht 'Erstarrung' erscheint das Bild der Tränen intensiviert. Aus "Ei Thränen, meine Thränen" sind "meine heißen Thränen" geworden, deren Kraft, den Schnee zu schmelzen, nicht mehr in Frage gestellt wird: "Ich will den Boden küssen, / Durchdringen Eis und Schnee / Mit meinen heißen Thränen, / Bis ich die Erde seh." Die Verse greifen die Hoffnung auf, die sich in der dritten Strophe des vorangegangenen Gedichts eröffnet hatte: die Tränen schienen dem Ich dort "so glühend heiß" aus der Brust zu dringen, "Als wolltet ihr zerschmelzen / Des ganzen Winters Eis." Dieser Gedanke soll nun in die Tat umgesetzt werden. "Mit meinen heißen Thränen" will das Ich den Kampf antreten gegen den Winter, um – wie aus Strophe vier hervorgeht – ein "Angedenken", nämlich "eine Blüthe" oder "grünes Gras" zu finden. Die Tränen sind heiß, sie sind dem Ich ganz zugehörig, es zeigt sich keine Fremdheit des Ich ihnen gegenüber wie noch im Gedicht zuvor. Aber im Unklaren bleibt, ob das beabsichtigte Weinen ("Ich will ...") überhaupt gelingt, und wenn ja, ob die heißen Tränen tatsächlich etwas ausrichten können gegenüber dem Schnee. Es ist möglich, daß der Schnee tatsächlich schmilzt, doch der gewünschte Erfolg bleibt aus. Es finden sich keine "Blüthe", kein "grünes Gras", denn: "Die Blumen sind erstorben, / Der Rasen sieht so blaß". Ob der blasse Rasen dabei, der Jahreszeit gemäß, wirklich der Rasen unterhalb der Schneedecke ist oder ob es der Schnee selbst ist, den die Tränen doch nicht durchdringen konnten, wird in der Schwebe gehalten. Das ändert hingegen nichts am Resultat: die Hoffnung, ein "Angedenken" zu finden, hat sich nicht erfüllt.

Was hier dem Ich in der Realität versagt bleibt, versucht im Gedicht 'Wasserfluth' die Imagination zu leisten. Das Bild der in den Schnee fallenden Tränen wird wieder aufgenommen. Es handelt sich hierbei aber nicht um den wirklichen Vorgang des Weinens, sondern um einen erinnerten, der in der Imagination des Ich allegorisch weiterentwickelt wird.

Wasserfluth.

Manche Thrän' aus meinen Augen
Ist gefallen in den Schnee;
Seine kalten Flocken saugen
Durstig ein das heiße Weh.

Wann die Gräser sprossen wollen,
Weht daher ein lauer Wind,
Und das Eis zerspringt in Schollen,
Und der weiche Schnee zerrinnt.

Schnee, du weißt von meinem Sehnen:
Sag mir, wohin geht dein Lauf?
Folge nach nur meinen Thränen,
Nimmt dich bald das Bächlein auf.

Wirst mit ihm die Stadt durchziehen,
Muntre Straßen ein und aus:
Fühlst du meine Thränen glühen,
Da ist meiner Liebsten Haus.

Die Unmittelbarkeit des Weinens ist nicht mehr gegeben, das Weinen liegt in der Vergangenheit, auf die das Ich zurückblickt: "Manche Thrän aus meinen Augen / Ist gefallen in den Schnee; / Seine kalten Flocken saugen / Durstig ein das heiße Weh." Schnee und Tränen stehen sich hier nicht mehr als Kontrahenten gegenüber, sondern gehen eine harmonische Verbindung miteinander ein. Den von oben in den Schnee fallenden heißen Tränen antwortet von unten der Durst der kalten Schneeflocken. Durch diese Verbindung wird die nachfolgende Imagination des Ich angeregt: Der Frühling kommt und der Schnee schmilzt. Das Ich wendet sich vertraulich an den Schnee ("Schnee, du weißt von meinem Sehnen") und fordert ihn auf, "meinen Thränen" zu folgen. Das Ziel wird sein, in "das Bächlein" zu münden und mit diesem bis zur Stadt und vor der "Liebsten Haus" zu gelangen, wo "meine

Thränen glühen" werden. Dieses Bild von den Tränen, die eine 'Wasserfluth' nach sich ziehen, ist sehr suggestiv: Das Eis bricht, die Flut kommt. Die Tränen "glühen" vor dem Haus der Geliebten im "Schnee", der ja eigentlich im "Bächlein" aufgelöst ist. Dort, vor dem Haus der Geliebten, gewinnen die Tränen ihre ursprüngliche Identität zurück, denn es entspricht ihrer Natur ja weit mehr, daß sie glühen, als daß sie zu Eis erstarrt sind. In der Imagination ist dieses Nebeneinander von unterschiedlichen Temperaturen und Aggregatzuständen möglich, wie im Ich die unterschiedlichsten Gefühle nebeneinander möglich sind. Der Widerspruch des Bildes, die Differenz von Wasser, Schnee und glühenden Tränen ist hingegen nicht aufgelöst, wenngleich eine äußerste Nähe dadurch erreicht ist, daß all diese Gegenstände in den gleichen Raum – den der Imagination – hineingenommen sind. Hier erscheinen sie als Bestandteile einer seelischen Landschaft, die den Blick in einen "chthonischen Tiefenraum"[32] freigibt.

Das Bild der Tränen wird im weiteren Verlauf nicht mehr aufgenommen. Indirekt greift das zwölfte Gedicht des Zyklus ('Letzte Hoffnung') aber noch einmal darauf zurück, indem das Ich über den Verlust der letzten Hoffnung weint: "Ach, und fällt das Blatt zu Boden, / Fällt mit ihm die Hoffnung ab, / Fall' ich selber mit zu Boden, / Wein' auf meiner Hoffnung Grab." Die Tränen finden keine Erwähnung mehr; offenbar haben sie ihre Kraft eingebüßt und müssen nicht mehr explizit genannt werden. Die Geste des lyrischen Ich in der obigen Gedichtstrophe wirkt hilflos und entkräftet. Durch die Konnotation von 'Zu-Boden-Fallen', 'Weinen' und 'Grab der Hoffnung' erscheint auch dem Weinen ein Ende bereitet zu sein. Tatsächlich kommt es an keiner weiteren Stelle des Zyklus mehr vor. Diese Möglichkeit, dem eigenen emotionalen Empfinden Ausdruck zu verleihen, hat sich erschöpft. Der Tränen-'Fluß' ist, der winterlichen Kälte verpflichtet, zum Stillstand gekommen; die 'Erstarrung' hat auch auf diesen Bereich des Lyrischen Ich übergegriffen.

---

32 Adorno, Theodor W.: Schubert, in: Schriften 17, S. 29.

Die enge Verknüpfung mit dem Motiv des Wassers ist von hier aus offensichtlich. Beide Motive erscheinen in konzentrierter Form in der ersten Zyklushälfte, und zwar in der Weise, daß das Motiv des Wassers dort anknüpft, wo das Motiv der Tränen aufhört. Die Tränen erscheinen in den Gedichten drei, vier und sieben ('Gefrorene Thränen', 'Erstarrung', 'Wasserfluth'), im siebten Gedicht verbinden sie sich mit dem Wasser; das Wasser wiederum findet weitere Erwähnung in den Gedichten acht und neun ('Auf dem Flusse', 'Rückblick'). Diese Anordnung ist gewiß nicht zufällig. Man kann darin eine Steigerung erkennen, vom kleinen Tropfen, der Träne, bis hin zum rauschenden Bach – eine Steigerung, wie sie auch das Gedicht 'Wasserfluth' thematisiert. Der Bach wird durch diese Anordnung zu einem persönlichen Bach, in den die Tränen – Zeichen des schmerzlichen Schicksals – aufgenommen sind.

Außerdem wird anhand beider Motive deutlich, wie tief die Auseinandersetzung des Lyrischen Ich mit der eigenen inneren Situation ist: Das Ankämpfen gegen die zunehmende Erstarrung gipfelt in einem Moment äußerster Annäherung der einander entgegengesetzten Elemente des Heißen und Kalten bzw. des Flüssigen und Gefrorenen. Doch im Letzten kann die Diskrepanz nicht überwunden werden. Dieser Höhepunkt wird im Fall des Tränenmotivs mit dem Paradoxon der im Schnee glühenden Tränen, die im Bächlein aufgelöst sind, erreicht. Im Fall des Wassermotivs gelingt die Annäherung im Bild des unter der Eisdecke (in der die Geschichte des Wanderers steht) rauschenden Flusses, worin sich die Spannung zwischen Einst und Jetzt manifestiert.

Beide Motive schließlich brechen abrupt ab, nachdem die Auflösung des Widerspruchs nicht gelungen ist. Die Spannungskurve sinkt pfeilschnell auf den Nullpunkt zurück: Auch in den jeweiligen Bildern der Abschlußgedichte wird dies sichtbar: In 'Letzte Hoffnung', worin das Tränenmotiv zum Abschluß kommt, ist die Bewegung des Fallens vorherrschend; am Schluß sinkt auch das Ich zu Boden. In 'Das Irrlicht' ist die Bewegung ebenfalls abfallend, wenngleich in gemäßigterer Weise: Der Wanderer windet sich ruhig "Durch des Bergstroms trockne Rinnen" hinab. Beide Gedichte schließen außerdem – und das ist wichtig anzumerken, denn es unterstreicht die Zusammengehörigkeit der Motive – mit dem endgültigen Bild des Grabes ab: "Wein' auf meiner Hoffnung Grab" bzw. "Jedes Leiden auch ein Grab".

2.3.2. Das Motiv der Augen

Das Motiv der Augen steht mit den anderen Motiven des körperlich-seelischen Bereichs – dem der Tränen und dem des Herzens – in einem logischen Zusammenhang. Eine wichtige Linie verbindet alle Motive miteinander: Die Augen gelten nach alter Tradition als Einfallstore der Liebe.[33] Schon im Mittelalter war dies eine geläufige Vorstellung, die von Ovid übernommen worden war. Danach entzündete die Schönheit oder auch der Blick der geliebten Person, der durch die Augen des Betrachters einfiel, die Liebe in dessen Herzen. Dort wird das Bild mit Hilfe der Erinnerung oder der Imagination festgehalten.

Auch in der *Winterreise* gibt es diesen Zusammenhang. Nur treten hier außerdem noch die Tränen hinzu, die den umgekehrten Weg nehmen, indem sie durch eine emotionale Regung im Herzen ausgelöst werden und durch die Augen hinausfließen. Die Augen sind also nach beiden Seiten hin durchlässig. Sie sind Fenster zwischen Innen und Außen.

Aus dem Gedicht 'Rückblick' läßt sich die Ursache für die Liebe des Wanderers zu dem Mädchen rekonstruieren. Er erinnert sich: "Die runden Lindenbäume blühten, / Die klaren Rinnen rauschten hell, / Und ach, zwei Mädchenaugen glühten! – / Da war's geschehn um dich, Gesell!" Die Ursache waren die glühenden Augen des Mädchens, denen der Wanderer rettungslos ausgeliefert war, die ihn entzündet hatten. Aus einem anderen Gedicht, 'Erstarrung', geht hervor, daß das Bild der Geliebten nun im Herzen des

33 Vgl. Schnell, Rüdiger: Causa amoris. Liebeskonzeption und Liebesdarstellung in der mittelalterlichen Literatur, Bern 1985, S. 241 ff.

Wanderers eingeschmolzen ist: "Mein Herz ist wie erfroren, / Kalt starrt ihr Bild darin: / Schmilzt je das Herz mir wieder, / Fließt auch das Bild dahin." Das Herz befindet sich im Zustand der Erstarrung; nur so kann das Bild, das durch den glühenden Blick ins Herz gelangte, noch bewahrt werden, andernfalls würde es sich auflösen und für immer verloren sein.

Die umgekehrte Richtung, vom Herzen zum Auge zurück (durch die Tränen), läßt sich aus dem Gedicht 'Gefrorne Thränen' herleiten. Dort dringen die Tränen "aus der Quelle / Der Brust so glühend heiß, / Als wolltet ihr zerschmelzen / Des ganzen Winters Eis." Das Glühen der Mädchenaugen scheint sich hier auf die Tränen übertragen zu haben, in ihnen droht sich das Bild, das im Herzen eingefroren ist, zu lösen und nach außen fortgetragen zu werden. Dies darf aber nicht geschehen, denn geht der Gegenstand der Ein-Bildung (die Geliebte) verloren, hört auch die Liebe auf. Konsequenterweise weint der Wanderer nur noch an einer Stelle des Zyklus ('Letzte Hoffnung'), danach erstarrt auch diese Fähigkeit. Der hier dargestellte Mechanismus beschreibt die Ursache für die Entstehung der Melancholie: Die Ein-Bildung tritt an die Stelle der Realität.[34]

Die Funktion des Auges im oben dargestellten Kreislauf Auge – Herz – Tränen (Auge) läßt sich mithilfe weiterer Belegstellen noch konkretisieren. Im Gedicht 'Der Lindenbaum' verschließt der Wanderer trotz der Dunkelheit die Augen, als er am Lindenbaum vorübergeht: "Ich mußt' auch heute wandern / Vorbei in tiefer Nacht, / Da hab' ich noch im Dunkel / Die Augen zugemacht." Die Bedeutung dieses Verhaltens ist schwer zu entschlüsseln. Das Schließen der Augen bewirkt aber in jedem Fall, daß nichts ins Herz hinein und nichts heraus dringen kann. Der Wanderer ver-schließt sich vor dreierlei: Erstens verschließt er sich (wofür symbolisch der Baum steht) vor dem Traum, der Unschuld, der Vergangenheit, die er hinter sich lassen will, da er sich betrogen fühlt; zweitens verschließt er sich vor der Verlockung umzukehren und sich mit der bürgerlichen Ruhe abzufinden; drittens vor der Verlockung, die Ruhe als eine endgültige, den Tod, entgegenzunehmen. Das

34 Zur Entstehung der Melancholie nach mittelalterlicher Auffassung vgl. Schnell, S. 244 ff.

Schließen der Augen dient der Bewahrung des gegenwärtigen Zustandes und damit auch der Bewahrung dessen, was in seinem Herzen eingeschlossen ist.

Im Gedicht 'Wasserfluth' wird noch einmal die Linie Herz ("Weh") – Augen – Tränen deutlich: "Manche Thrän' aus meinen Augen / Ist gefallen in den Schnee, / Seine kalten Flocken saugen / Durstig ein das heiße Weh." Und zum Schluß wird der Bezug zum Glühen wieder hergestellt, indem sich das Lyrische Ich an den Schnee wendet: "Fühlst du meine Thränen glühen, / Da ist meiner Liebsten Haus."

Die Fähigkeit zu glühen kommt im gesamten Zyklus nur den Mädchenaugen und den Tränen des Wanderers zu; aufgrund dieser Tatsache erscheint mir die direkte Verbindung von beiden offensichtlich. Das Nebeneinander von Heiß (Glühen) und Kalt (Eis / Schnee) ist nur in der Imagination möglich. Das Glühen der Tränen muß aber in der Realität des Wanderers aufhören, d.h. der Tränenfluß muß zum Stillstand gebracht werden, damit das Bild der Geliebten im zu Eis erstarrten Herzen nicht verloren geht. Was in der Realität versagt bleibt, leistet und bewahrt das Bild im Innern.

Auch die Augen der Geliebten verlieren schließlich, wie aus dem Gedicht 'Die Nebensonnen' hervorgeht, ihre glühende Strahlkraft:

Die Nebensonnen.

Drei Sonnen sah' ich am Himmel stehn,
Hab' lang' und fest sie angesehn;
Und sie auch standen da so stier,
Als könnten sie nicht weg von mir.
Ach, meine Sonnen seid ihr nicht!
Schaut Andren doch in's Angesicht!
Ja, neulich hatt' ich auch wohl drei:
Nun sind hinab die besten zwei.
Ging' nur die dritt' erst hinterdrein!
Im Dunkel wird mir wohler sein.

Es ist ein weitverbreitetes Motiv, Gestirne wie Sterne oder die Sonne auf die Augen der Geliebten zu beziehen. 'Die Nebensonnen' des Wanderers stellen ganz deutlich diesen Bezug her. Nun sind die Nebensonnen-Augen, verglichen mit der früheren Aus-Strahlung der Mädchenaugen, verändert: Es ist ein Bild der Kälte und Erstarrung. Die Sonnen "standen da so stier", sie sind fixiert, unbeweglich, und haben keine eigene Strahlkraft. 'Nebensonnen' sind ein physikalisches Phänomen. Sie entstehen durch "die Brechung der Sonnenstrahlen an den Eiskristallen in der Atmosphäre".[35] Dieser Himmelserscheinung liegt eine Spiegelung zugrunde, in der zwar das Bild, nicht aber die Wärme weitergegeben werden kann. Die Augen der Geliebten sind zu einem künstlichen Objekt erstarrt. Dies wird dem Wanderer auch bewußt, wenn er sie für sich verwirft, sich ihrem Einfluß entzieht: "Ach, meine Sonnen seid ihr nicht!" Aus der unaufhebbaren Diskrepanz zwischen Früher und Jetzt erwächst für den Wanderer die Sehnsucht nach dem endgültigen Verschließen der Augen: "Ging' nur die dritt' erst hinterdrein! / Im Dunkel wird mir wohler sein."

Daß dieser Wunsch von einem Rückzug ins eigene Innere, in den Traum, bei gleichzeitiger Annullierung der konkreten Wirklichkeit, begleitet ist, führt das Gedicht 'Frühlingstraum' aus. Die weite Entfernung des Wanderers von seiner eigenen Vergangenheit zeigt sich darin, daß er nur noch im Traum darüber reflektieren kann. Im Wachzustand vermag er das Vergangene als lebendige Erinnerung nicht mehr zurückzuholen; Innen und Außen klaffen wie Einst und Jetzt unvereinbar auseinander. Die Strophen zwei und sechs machen die gegenwärtige Situation des Wanderers anhand des Motivs der Augen noch einmal deutlich. In Strophe zwei heißt es rückblickend: "Und als die Hähne krähten, / Da ward mein Auge wach; / Da war es kalt und finster, / Es schrieen die Raben vom Dach." Das Krähen der Hähne spielt deutlich auf den Treuebruch der Geliebten an. "Durch die christliche Symbolik (Verleugnung des Herrn durch Petrus) ist er (der Hahn) das Tier der Wachsamkeit".[36] Die Wachheit, in die der Wanderer hinausgestoßen wird, ist begleitet von der

35 Schwab, Hans-Rüdiger in seinem Nachwort zu Müller (12), S. 176 (Anmerkung zu S. 59).

36 Frenzel, Elisabeth: Motive der Weltliteratur. Ein Lexikon dichtungsgeschichtlicher Längsschnitte, Stuttgart ^{3}1988, S. 286.

Gefahr des Todes, den die Raben vom Dach aus verkündeten.[37] Von diesem Blickwinkel aus betrachtet, rückt die Geschichte des Wanderers in die Nähe einer Passionsgeschichte. Darauf werde ich noch an anderer Stelle zu sprechen kommen.

Wichtig in diesem Kontext ist in erster Linie die gegenwärtige Situation. Und hier zeigt sich, daß der Traum noch einmal zurückholt, was in der Gegenwart nicht mehr möglich erscheint: das intensive Nebeneinander von Erinnerung und Gegenwart, "Als noch die Stürme tobten" und der Wanderer noch nicht "so elend" war ('Einsamkeit'). Nach dem endgültigen Erwachen versucht der Wanderer mit Mühe den Traum auszukosten: "Nun sitz' ich hier alleine / Und denke dem Traume nach." Dieses Nach-Denken gelingt schließlich nur noch durch das Schließen der Augen: "Die Augen schließ' ich wieder, / Noch schlägt das Herz so warm. / Wann grünt ihr Blätter am Fenster? / Wann halt' ich dich, Liebchen, im Arm?"[38] Verglichen mit dem Schließen der Augen in 'Der Lindenbaum' ("Da hab ich noch im Dunkel / Die Augen zugemacht"), ist hier eine Veränderung zu bemerken. Die Wirkung ist dieselbe: die Durchlässigkeit des Auges als Bindeglied zwischen Innen / Erinnerung und Außen / Gegenwart ist unterbrochen, aber die Richtung, der Zweck sind genau umgekehrt. Im Gedicht 'Der Lindenbaum' diente das Schließen der Augen noch dazu, einer Verlockung zu widerstehen, die Haltung des Wanderers war mutig vorwärtsgewandt. Nun ist sie rückwärtsgewandt – aus einem Zustand der Erschöpfung heraus. Es ist nicht mehr die Preisgabe des Schutzes, sondern die Suche nach Schutz, nach einer Wärme, die längst schon verloren ist und die nur ein letztes Mal noch der Traum zu spenden vermochte.

37 Im Volksglauben gilt der Rabe als Todesvogel. "Er ruft 'Grab, Grab'." (Frenzel, S. 622).

38 Die Vielschichtigkeit dieser Bilder wird noch an späterer Stelle gewürdigt werden. Vgl. S. 102 ff.; S. 137 ff.

2.3.3. Das Motiv des Herzens

Das Motiv des Herzens ist von äußerster Wichtigkeit. Es ist, wie schon an früherer Stelle gezeit wurde, eng verknüpft mit dem Motiv des Windes. Es erscheint häufig und durchgängig bis ans Ende des Zyklus und hat dabei die zentrale Bedeutung, der Ort zu sein, an dem alle seelischen Auseinandersetzungen stattfinden und die einander widerstreitenden Gefühle wechseln.

Das Herz des Winterreisenden ist das Organ folgender Gefühle und Zustände: Es ist anfangs passiv, ihm wird übel mitgespielt ('Die Wetterfahne'). Es ist die Quelle der heißen Tränen ("Quelle / Der Brust": 'Gefrorene Thränen'). Es ist "wie erfroren" ('Erstarrung'), es springt hoch auf, drängt wunderlich ('Die Post'), sieht "sein eignes Bild" ('Der stürmische Morgen'), fühlt seinen "Wurm / Mit heißem Stich sich regen" ('Rast'), ist wach, schlägt warm ('Frühlingstraum'), spricht, sagt und klagt ('Muth!'). Außerdem werden ihm die geistigen Fähigkeiten, fragen ('Die Post') und erkennen ('Auf dem Flusse') zu können, zugeschrieben.

Das Motiv steht mit diesem Spektrum ganz im Rahmen antik-christlicher Tradition, wo ihm seit jeher ein fundamentaler Stellenwert zugeschrieben wurde. Es gilt als Zentrum der Verstandes-, Gefühls- und Willenskräfte, dem sich der Geist (mens) und die Erinnerung (memoria) hinzugesellen. Geistige Eigenschaften kommen in der *Winterreise*, ganz im biblischen Sinne, dem Wind zu.[39]

Es entspricht der Natur des Motivs, wenn es in der *Winterreise* keine prozessuale Linie verfolgt, sondern sprunghaft auftaucht. Dabei ist es wichtig festzuhalten, daß das Herz innerhalb der einzelnen Gefühlssituationen stets der Zielpunkt einer vorausgegangenen Selbstbeschauung des Lyrischen Ich ist: fast immer wird das Herz erst in der letzten Strophe eines Gedichts angesprochen. Das gibt Anlaß, diese Gedichte als Verlaufsprotokolle eines meditativ-

39 Sehr ausführlich behandelt Frank das Motiv des (insbesondere verhärteten) Herzens in seinem Aufsatz 'Steinherz und Geldseele', in: Frank, Manfred: (1) Das kalte Herz. Texte der Romantik, ausgewählt und interpretiert von Manfred Frank, Frankfurt a.M. 1978, S. 253-387.

reflektiven Erkenntnisprozesses zu lesen. Immer beginnt dieser Vorgang mit dem Anschauen eines äußeren Gegenstandes, zuweilen auch mit einem akustischen Reiz, um schließlich beim Anschauen des eigenen Herzens anzkommen, von dem der äußere Gegenstand in verschlüsselter Weise spricht. Herz und angeschaute Welt beleuchten sich wechselseitig. Die Reise durch die winterliche Natur wird so zu einer Reise durch verschiedene Kälteregionen des eigenen Herzens. Die Perspektiven können dabei beliebig wechseln, wie auch die Gefühle in stetem Wandel begriffen sind.

Viele der betreffenden Gedichte sind schon an früherer Stelle ausführlicher behandelt. Ich fasse mich deshalb in solchen Fällen kurz und verweise gegebenenfalls zurück.

Den Auftakt der Motivkette bildet, in enger Verknüpfung mit dem Windmotiv, das schon besprochene Gedicht 'Die Wetterfahne'. Hier wird das Bild der im Winde pfeifenden Fahne in der Schlußstrophe des Gedichts auf das Herz bezogen, das dem unbeständigen Verhalten der Geliebten schutzlos ausgeliefert ist: "Der Wind spielt drinnen mit den Herzen, / Wie auf dem Dach, nur nicht so laut. / Was fragen sie nach meinen Schmerzen? / Ihr Kind ist eine reiche Braut." Die Aufmerksamkeit des Wanderers richtet sich von außen her auf das eigene Innere. Hier werden "meine Schmerzen" lokalisiert, die durch den Verlust der Liebe verursacht worden waren. Der Umstand, daß hier zunächst noch im Plural von den Herzen die Rede ist, deutet darauf hin, daß ein allgemeingültiges Geschehen thematisiert wird, das unabhängig ist von individueller Leiderfahrung, von dem der Wanderer aber in exemplarischer Weise Zeugnis gibt.

Dem eigenen Herzen nähert sich der Wanderer in 'Gefrorne Thränen' an. Dort wird die "Quelle / Der Brust" – womit das Herz gemeint sein dürfte – als der Ort angegeben, aus dem "meine Thränen" "so glühend heiß" hervordringen. Der Erkenntnisvorgang vollzieht sich wieder in der Richtung vom äußeren Phänomen, den Eistropfen, hin zum Zustand des Herzens. Das Ich geht den Tropfen nach in die Richtung, aus der sie gekommen sind und entdeckt am Schluß einen Aspekt seiner selbst: das Herz (die Brust), aus dem die Eistropfen zuvor "glühend heiß" hervordrangen. In dieser Diskrepanz harrt das Ich aus; sie wird nicht aufgelöst.

Im Gedicht 'Erstarrung' ist schließlich im Singular von "mein Herz" die Rede: "Mein Herz ist wie erfroren, / Kalt starrt ihr Bild darin: / Schmilzt je das Herz mir wieder, / Fließt auch das Bild dahin." Das ganze Gedicht ist bestimmt vom Vorgang des Suchens. Was zunächst, in der äußeren Natur, gesucht wird, bezieht sich auf die Geliebte: zuerst sucht der Wanderer, wenngleich "vergebens" "Nach ihrer Tritte Spur", alsdann sucht er "Eis und Schnee" zu durchdringen, "Bis ich die Erde seh'", wo er "eine Blüthe" und "grünes Gras" zu finden erhofft. Diese sollen ihm ein "Angedenken" an die Zeit der Liebe sein. Die Hoffnungskurve steigt an bis zur Mitte der dritten Strophe – das ist zugleich die Mittelachse des ganzen Gedichts – und fällt danach wieder ab. In dieser absteigenden Kurve gelangt der Wanderer durch das Erlebnis der Ernüchterung und Ent-Täuschung ("Die Blumen sind erstorben, / Der Rasen sieht so blaß.", "kein Angedenken") zur Erkenntnis seines inneren Zustandes. Was er Außen gesucht hatte, findet er nun hier: "meine Schmerzen", die ihn an die Geliebte erinnern, und "Mein Herz", in dem "ihr Bild" eingeschmolzen ist. Doch dieses "Angedenken" stellt sich zugleich als sehr fragiler Besitz dar. Denn offensichtlich hält es der Wanderer für möglich, daß die Schmerzen einmal schweigen, und ihm dann nichts mehr bliebe, was ihn an die Geliebte erinnern könnte: "Wer sagt mir dann von ihr?" Nur im Zustand der Erstarrung bleiben sowohl Herz als auch Bild erhalten. Das eine ist untrennbar an das andere geknüpft und hört dann auf, ein individueller Besitz zu sein, wenn sich die Erstarrung löst: aus "Mein Herz" und "mein Bild" würden "das Herz" und "das Bild", worin sich die Gefahr der Entpersönlichung zeigt.

Das nächste Gedicht dieser Motivreihe ist 'Die Post':

Die Post.

Von der Straße her ein Posthorn klingt.
Was hat es, daß es so hoch aufspringt,
 Mein Herz?

Die Post bringt keinen Brief für dich:
Was drängst du denn so wunderlich,
Mein Herz?

Nun ja, die Post kömmt aus der Stadt,
Wo ich ein liebes Liebchen hatt',
Mein Herz!

Willst wohl einmal hinübersehn,
Und fragen, wie es dort mag gehn,
Mein Herz?

Das Gedicht fällt insofern aus dem Rahmen, als hier die Gleichzeitigkeit von Organgefühl und Gemütsbewegung zum Ausdruck gelangt. Die Bewegung, der Schlag des Herzens wird im Rhythmus des Gedichts sinnfällig. Die Wiederholung "Mein Herz" am Ende jedes Doppelverses wird als Herzpochen realisiert. Dennoch ist im Gedicht auch diese Unmittelbarkeit gebrochen durch die Aktivität der Reflexion, die in ein scheindialogisches Verhältnis zum Herzen tritt.[40] In spöttisch-ironischem Ton kokettiert das Gedicht mit Volkslied-Rudimenten.

Auslöser für die innere Bewegung ist der akustische Reiz des klingenden Posthorns. Die Reaktion ist ein Erschrecken (das Herz, das "so hoch aufspringt"), das die Reflexion sogleich einzugrenzen bemüht ist, indem die innere Bewegung im Gestus der Frage gefaßt wird: "Was hat es ...?" Gleichzeitig wird ein erklärender äußerer Bezug hergestellt: "Post", "Brief", "Stadt". So wird das Herz besprochen, beschwichtigt. Aus dem hohen Aufspringen wird ein wunderliches Drängen und schließlich ein Hinübersehn und Fragen, das ablenken soll von der gegenwärtigen Bangigkeit auf einen anderen Gegenstand, das "liebe Liebchen", hin. Die reflektierende Annäherung an die Ursache der heftigen Gemütsbewegung, die sich zeigt in der Reihenfolge "Posthorn" – "Brief" – "Stadt" – "Liebchen", läuft parallel zur Abschwächung der heftigen inneren Bewegung. Auf diese Weise wird eine

40 Vgl. auch Joachim Kaiser: Beschwichtigendes Selbstgespräch, in: Frankfurter Anthologie 11, S. 113 ff.

scheinbare Distanz zum schreckauslösenden Moment erreicht. Eine vergleichbar heftige Bewegung des Herzens wird an keiner weiteren Stelle des Zyklus mehr möglich.

Das Gedicht 'Auf dem Flusse' ist schon im Zusammenhang mit dem Motiv des Wassers besprochen worden. Dort ist der zugefrorene Bach Ausgangspunkt für die Selbstbeschauung des Lyrischen Ich. Die Schlußstrophe lautet: "Mein Herz, in diesem Bache / Erkennst du nun dein Bild? / Ob's unter seiner Rinde / Wohl auch so reißend schwillt?" Zuvor hatte der Wanderer den Namen der Geliebten in die Eisdecke geritzt, um so das äußere (Natur-) Bild der inneren Situation anzugleichen. Dadurch wurde ein Akt der Re-Flexion ermöglicht. Dieser Umstand ist von Bedeutung, weil hier eine Eigenaktivität des Herzens freigesetzt wird, die über das bisherige Maß hinausgeht, die aber in 'Die Post' schon angebahnt wurde. Das Herz befindet sich nicht mehr nur in einem Zustand, den es hilflos erleidet, sondern hat die Möglichkeit gewonnen, über diesen Zustand zu reflektieren und Distanz zu gewinnen. Es betrachtet sich selbst im Spiegel der Natur, bzw. in deren konkretem Detail, dem zugefrorenen Fluß. Wie der Fluß, so erscheint auch das Herz zweigeteilt in einen flüssig-beweglichen Bereich und in einen erstarrten, wodurch die vergangene und die gegenwärtige Situation des Wanderers gekennzeichnet sind.

Das Gedicht 'Der stürmische Morgen', welches schon im Rahmen des Windmotivs behandelt wurde, schildert die gleiche Situation auf dramatischere Weise. In der Schlußstrophe wird wiederum die vorangegangene Beschreibung eines Naturvorgangs als Bild gedeutet, in dem das Herz sich selbst reflektieren kann: "Mein Herz sieht an dem Himmel / Gemahlt sein eignes Bild – / Es ist nichts als der Winter, / Der Winter kalt und wild!" In dem Verbum "sieht" ist der Aspekt der Selbstreflektivität inbegriffen. Sehen bedeutet immer auch Erkennen. Was hier erkannt wird, ist ein "Bild", also etwas, das schon in sich abgeschlossen, kondensiert ist. Das Bild ist außerdem "Gemahlt", ist also etwas Künstliches. Dieser Vorgang ist äußerst abstrakt. Die Unmittelbarkeit des Anschauens ist doppelt gebrochen, erstens durch die Umwandlung des Naturereignisses in ein am Himmel fixiertes Bild, zweitens durch die

Übertragung dieses Bildes auf den Zustand des Herzens. In dieser Weise wird die Gefühlssituation, die das Ich zu zerreißen droht, gebannt.

Während im Gedicht 'Auf dem Flusse' die Bereiche des Flüssigen und des Festen noch klar voneinander geschieden und gegeneinander abgegrenzt waren in ein Oben und ein Unten, verbinden sich in 'Der Stürmische Morgen' die Polaritäten des Kalten ("Des (Winter-) Himmels graues Kleid") und des Warmen ("rothe Feuerflammen") auf untrennbare Weise. Sie bilden eine gemeinsame Fläche. Beide Bereiche sind gleichermaßen präsent, keiner tritt dominant in den Vordergrund.

Erneut wird das Motiv des Herzens im Gedicht 'Rast' aufgegriffen. Die letzte Strophe spannt einen Bogen zur Situation in 'Der Stürmische Morgen' und betrachtet diese aus einer neuen Perspektive: "Auch du, mein Herz, im Kampf und Sturm / So wild und so verwegen, / Fühlst in der Still' erst deinen Wurm / Mit heißem Stich sich regen!" Die Konzentration des Wanderers richtet sich nun nicht mehr auf das Naturgeschehen, auf das Spektakel von "Kampf und Sturm" draußen, sondern auf die Stille "In eines Köhlers engem Haus", die vom eigenen Herzen nicht ablenkt, sondern – im Gegenteil – es bloßlegt. Dabei stellt sich keine Erleichterung ein, wie es der Titel des Gedichts ('Rast') vermuten lassen könnte. Dadurch, daß das Herz der Kontrastfolie der äußeren Natur beraubt ist, wird es völlig auf sich selbst zurückgeworfen. Wo ihm vorher die Gewinnung von Distanz durch die Reflexion über den angeschauten Gegenstand möglich war, ist es nun mit sich selbst allein und entbehrt jeglicher Distanz. Nicht mehr die Reflexion, sondern das Gefühl tritt in den Vordergrund: Die Sinne des Körpers werden wach, da, wo die winterliche Kälte als eindämmender Gegenpol wegfällt. Das Ich erlebt sich nun in der paradoxen Situation, daß es, obwohl es von Sturm und Kälte ausruhen kann, doch ruhelos ist: "Doch meine Glieder ruhn nicht aus, / So brennen ihre Wunden." Das gespannte Gleichgewicht zwischen Wärme und Kälte ist verlorengegangen; die Wärme, zur Hitze gesteigert, dominiert. Das bedeutet eine entscheidende Veränderung der seelischen Situation des Ich. Hier schlägt etwas um. Nicht nur die "Wunden" der "Glieder" "brennen". Auch das Herz erlebt sich in dieser verzehrenden Situation: es fühlt den

"Wurm / Mit heißem Stich sich regen". In diesem Zusammenhang gewinnt der Ort der Einkehr symbolische Bedeutung: Da es sich um das Haus eines Köhlers handelt, ist davon auszugehen, daß es darin durch den brennenden Ofen sehr heiß ist.

Eine formale Analyse der vierten Strophe des Gedichts unterstreicht das bisher Gezeigte: Der Sturm, der draußen aufgehört hat bzw. vor dem das Haus den Wanderer schützt, dauert im Herzen an: Wie im Gedicht 'Der Stürmische Morgen' herrschen in der vierten Strophe des Gedichts 'Rast' die Reibe- und Explosivlaute vor, die die stürmische Qualität des Windes klanglich präsentieren ("Herz", "Sturm", "So ... so", "Fühlst", "Still", "erst", "heißem Stich", "sich"). Die separierende Gewalttätigkeit des Windes wird außerdem durch die Dominanz von einsilbigen Wörtern unterstrichen: In der Strophe vier des Gedichtes 'Rast' fallen bei insgesamt 25 Wörtern die vier zweisilbigen gegenüber den anderen einsilbigen kaum ins Gewicht ("verwegen", "deinen", "heißem", "regen"). Der lautlich vorherrschende Vokal ist, ebenfalls wie in 'Der Stürmische Morgen', der Vokal "i". Wo dieser hingegen dort mit den "a"-Assonanzen kontrapunktisch spielt, wechselt er in der vorliegenden Strophe mit den dunklen "u"-Lauten ab ("du", "und", "Sturm", "und", "Wurm"). Dadurch wird der Wechsel von Außen (helle, offene "a"-Laute) nach Innen (dunkle, verschließende "u"-Laute) zusätzlich unterstrichen.

Das Gedicht 'Frühlingstraum' ist das nächste Gedicht, welches das Motiv des Herzens verwendet. Es ist auf die Situation in 'Rast' bezogen und behält dessen Innenperspektive bei. Der äußere Kontrastpol fehlt ganz. Der Wanderer hat hier zum ersten Mal die Möglichkeit zu schlafen und damit auch zu träumen.

Ich will das ganze Gedicht zitieren, da es für das Verständnis des Gesamtzusammenhangs und insbesondere des Schlußteils von großer Bedeutung ist:

Frühlingstraum.

Ich träumte von bunten Blumen,
So wie sie wohl blühen im Mai,

Ich träumte von grünen Wiesen,
Von lustigem Vogelgeschrei.

Und als die Hähne krähten,
Da ward mein Auge wach;
Da war es kalt und finster,
Es schrieen die Raben vom Dach.

Doch an den Fensterscheiben
Wer mahlte die Blätter da?
Ihr lacht wohl über den Träumer,
Der Blumen im Winter sah?

Ich träumte von Lieb' um Liebe,
Von einer schönen Maid,
Von Herzen und von Küssen,
Von Wonn' und Seligkeit.

Und als die Hähne krähten,
Da ward mein Herze wach;
Nun sitz' ich hier alleine
Und denke dem Traume nach.

Die Augen schließ' ich wieder,
Noch schlägt das Herz so warm.
Wann grünt ihr Blätter am Fenster?
Wann halt' ich dich, Liebchen, im Arm?

Im Kondensat des Traums lebt alles bisher Geschehene noch einmal auf. Dabei erscheint die zurückliegende Wanderschaft ins Mythische überhöht. Sie gewinnt die Bedeutung einer Passionsgeschichte, im Sinne einer imitatio Christi. Die Nacht von Gethsemane wird andeutungsweise zitiert. Das Motiv des krähenden Hahnes, das auf die Verleugnung Christi durch Petrus anspielt,[41] taucht sowohl in Strophe zwei als auch in Strophe fünf auf. Das zweimalige Krähen des Hahnes bewirkt eine Verschärfung der psychischen

41 Vgl.: "Heute, in dieser Nacht, ehe denn der Hahn zweimal kräht, wirst du mich dreimal verleugnen." (Mk. 14, 30).

Situation des Wanderers. Beim ersten Krähen in Strophe zwei wird nur "mein Auge wach", beim zweiten Krähen in Strophe fünf erwacht auch "mein Herze". Dabei wird der Zuwachs an Erkenntnis, der Grad des (geistigen) Wachseins in Abhängigkeit vom Ausmaß der Entfremdung von der menschlichen Gemeinschaft gesehen. Das Herz ist dabei anvisiertes Ziel dieses Prozesses; in ihm gelangt dieser zum Abschluß. Das Resultat ist die völlige Isolation: "Nun sitz ich hier alleine".

Man kann das Krähen der Hähne auch ganz konkret auf das Anbrechen des ersten bzw. des zweiten Tages der *Winterreise* beziehen. Als der erste Tag anbricht, nimmt der Wanderer (mit den Augen) die äußere Natur als Fremde wahr. Alles einstmals Vertraute erscheint ihm nun in einem neuen Licht. Bei Anbruch des zweiten Tages wird auch die innere Natur als Fremde wahrgenommen: Der zweite Tag beginnt mit 'Der Stürmische Morgen'. In diesem Gedicht gelangt das Herz zum ersten Mal selbständig zur Erkenntnis seiner inneren Situation: "es sieht an dem Himmel / Gemahlt sein eignes Bild" (Hvhb. von mir). In den vorausgehenden Herz-Gedichten wird das Herz immer vom lyrischen Ich selbst auf seinen Zustand aufmerksam gemacht oder nur in Zusammenhang damit benannt, gelangt aber nicht selbst zur Einsicht. Es ist also durchaus legitim, hier vom Erwachen des Herzens zu sprechen und das Gedicht 'Frühlingstraum' als nachträgliche Zusammenfassung und Deutung der bisherigen *Winterreise* zu interpretieren.

Der Traum bietet in diesem Gedicht auf seelischer Ebene die letzte Möglichkeit, den Kontrast von Erinnerung und Gegenwart zu formulieren, der im Wachzustand nicht mehr aufrecht erhalten werden konnte: Seit dem Gedicht 'Nebensonnen' hat der Wanderer mit der Vergangenheit vollständig gebrochen und die Erinnerung daran verworfen: "Ach, meine Sonnen seid ihr nicht. / Schaut andren doch ins Angesicht."

Durch die Einbettung in den christlichen Mythos wird der Geschichte des Wanderers ein nachträglicher Sinn verliehen. Doch – anders als etwa in einer christlichen Biographie – bleibt der Winterreisende hier nicht stehen.[42] Er

42 Die 'Entfremdung von ...' führt hier nicht automatisch zu einer 'Entfremdung zu ...".

distanziert sich von dieser Deutungsmöglichkeit. Das geht aus der letzten Strophe des Gedichts hervor; noch entschiedener wird es später im Gedicht 'Muth!' formuliert.

Zunächst zum Schluß des Gedichts: Allein durch den Umstand, daß ein Traumgeschehen die Deutung der Vergangenheit liefert, ist eine gewisse Distanz gegeben. Einen weiteren Schritt des Abstandnehmens bedeutet nicht das Nachdenken des Wanderers, sondern das bewußte Zurückgleiten in den Teil des Traumes, der die Erinnerung an die Geliebte neu belebt hat. Hier "schlägt das Herz so warm", hier findet das Ich ein letztes Mal den Nachgeschmack dessen, was längst der Vergangenheit angehört. Diesen Nachgeschmack, dieses illusorische Zwischenspiel zieht der Wanderer dem Sinn, den seine Reise durch den christlichen Mythos erhalten könnte, vor. Auch kann er nicht anders, weil seine Entfremdung von den Menschen – anders als bei Jesus – sich auf keinen Gott hin öffnet.

Dies macht das Gedicht 'Muth!' deutlich, in dem die Motivkette des Herzens schließlich zum Abschluß gelangt.

Muth!

Fliegt der Schnee mir in's Gesicht,
Schüttl' ich ihn herunter.
Wenn mein Herz im Busen spricht,
Sing' ich hell und munter.

Höre nicht, was es mir sagt,
Habe keine Ohren.
Fühle nicht, was es mir klagt,
Klagen ist für Thoren.

Lustig in die Welt hinein
Gegen Wind und Wetter!
Will kein Gott auf Erden sein,
Sind wir selber Götter!

Wir haben es hier mit einem außerordentlichen Gedicht zu tun, das nur eine ausführlichere Interpretation zu würdigen vermag. Ich halte sie an dieser Stelle für angebracht. Denn es schließen sich hier nicht nur die Motivketten des Herzens und des Windes, auch die innere Entwicklung des Wanderers gelangt zu einem Abschluß.

Wodurch das Gedicht am unmittelbarsten wirkt, ist folgende rhythmische Auffälligkeit: es handelt sich um ein jambisches Versmaß mit durchwegs starkem, betont zu lesendem Auftakt. Auf diese Weise wird eine gewisse Gegenläufigkeit der Bewegungen am Versanfang bewirkt, der rhythmische Fluß wird blockiert. Sämtliche, dem Ich zugeordneten Verben sind auf diese hervorgehobene Position verlegt: "Schüttl'", "Höre", "Habe", "Fühle". Dadurch wird die Aktivität des Ich unterstrichen und als ein Dagegenstemmen, Aufbegehren, Trotzen realisiert. Demgegenüber wird die Aktivität des Herzens in den Hintergrund gedrängt: dessen Lebensäußerungen sind jeweils ans Versende verschoben: "spricht", "sagt", "klagt". Es sind sämtlich sprachliche Äußerungen. Man wird daraus schließen dürfen, daß das Herz nun endgültig erwacht ist und ein Bewußtsein von sich erlangt hat. Die Reihenfoge dieser sprachlichen Äußerungen ist aufschlußreich: die Stimme des Herzens wird zunehmend leiser bzw. reduzierter. Anfangs "spricht" es noch, d.h. seine Fähigkeit zur Kommunikation ist noch relativ unbegrenzt. Dann "sagt" es nur noch etwas, ist also auf Einzelaussagen beschränkt. Schließlich "klagt" es und befindet sich damit an einer Grenze, wo Sprechen in Sprachlosigkeit umzuschlagen droht. Dieses zunehmende Verstummen des Herzens steht in Wechselbeziehung zum Aufbegehren des Ich. Dieses verweigert sich nicht nur dem Angriff von Außen (der "Schnee", den es herunterschüttelt), sondern auch dem von Innen (der Stimme seines Herzens). Das Herz wird übersungen, quasi überschrien. Dadurch versucht das Ich sich selbst zu behaupten.

Nun kommt als besonderer Unstand hinzu, daß das, wogegen das Ich ansingt, real gar nicht vorhanden ist, sondern – da es sich um einen Konditionalsatz handelt – nur als Hypothese. Der Schnee fliegt ihm nicht wirklich ins Gesicht, und das "Herz im Busen spricht" nicht wirklich. Beides ist nur als gedankliche Konstruktion vorhanden, als Gegenstand der Einbildung. In diesem Sinne haben sie aber durchaus wieder reale Funktion für das Ich. Sie werden als Bedrohung erlebt, gegen die das Ich sich "Muth!" zu machen versucht. Das Ausrufungszeichen hinter dem Titel des Gedichts unterstreicht diesen Aspekt. Der Vorgang des Mut-Machens hat etwas Rauschhaftes an sich. Die Entschiedenheit des Ich ist demnach zugleich eine vorgetäuschte, man könnte auch sagen, eine aufgezwungene: ein Schreien aus Verzweiflung.

In diesem Zustand rauschhafter Selbstvergewisserung lösen sich alle konkreten Dinge in zunehmendem Maße auf oder weichen einem Allgemeineren. Ich werde dies im Einzelnen aufzeigen:

Der "Schnee", der zu Beginn des Gedichts dem Wanderer noch "ins Gesicht" fliegt, geht in Strophe drei in der allgemeinen Formel "Wind und Wetter" auf. Einzig die dem Ich entgegenwirkende Richtung bleibt bestehen ("ins Gesicht", "Gegen Wind ...").[43]

Das Herz, in Strophe eins noch subjektbezogen als "mein Herz" apostrophiert und mit der lokalen Zuordnung: "im Busen" versehen, schrumpft in Strophe zwei zum neutralen Personalpronomen "es" zusammen und ist vom Hauptsatz in den Nebensatz gerückt. Außerdem fällt die Zugehörigkeit zum Subjekt weg; Herz und Ich sind syntaktisch als Subjekt und Objekt voneinander getrennt. Auf die Reduktion der sprachlichen Äußerungen des Herzens im Verlauf des Gedichts habe ich bereits hingewiesen. In Strophe drei schließlich ist von keinem Herz mehr die Rede; es hat sich gänzlich verflüchtigt.

Auch das Personalpronomen "ich" löst sich auf. In Strophe eins ist es noch zweimal als Subjekt des Hauptsatzes vorhanden ("Schüttl' ich", "Sing' ich"), einmal außerdem als Dativ-Objekt des Nebensatzes ("mir in's Gesicht"). In Strophe zwei ist das Personalpronomen "ich" dreimal als Subjekt des Hauptsatzes völlig ausgespart. Zweimal ist es hingegen noch im Nebensatz als Dativobjekt präsent ("mir sagt", "mir klagt"). In Strophe drei schließlich fehlt es ganz. An seine Stelle ist das Kollektivpronomen "wir" getreten.

Parallel zum Gebrauch des Personalpronomens "ich" ist eine weitere Auffälligkeit zu bemerken: Das Ich ist von Anfang an nicht als Einheit gegeben, sondern in mehrere Teile aufgespalten. Als äußere Aspekte des Ich

---

43 Hvhb. von mir.

erscheinen "Gesicht" (I,1) und "Ohren" (II,2), als innere "Herz" und "Busen" (I,3). Daneben können dreierlei Aktivitäten des Ich registriert werden: die eine auf motorischer Ebene ("Schüttl' ich"), die zweite auf intellektueller / künstlerischer Ebene ("Sing' ich"), die dritte im emotionalen Bereich ("Höre nicht", "Fühle nicht").

Mit dieser Dissoziation des Ich verknüpft sich der Prozeß der Ent-Sinnlichung und Abstraktion: der Schnee im Gesicht wird heruntergeschüttelt, d.h., das Gesicht – das sind Augen, Nase, Mund, Haut – verweigert jegliche gefühlsmäßige Rezeption. Das "Herz im Busen" wird übersungen. Schließlich wird ihm auch noch die akustische und emotionale Aufmerksamkeit entzogen. Man kann also sagen, daß der gesamte Wahrnehmungsapparat des Ich, innere wie äußere Sinne, künstlich abgedichtet wird.

Die syntaktische Struktur des Gedichts unterstreicht die bisherigen Beobachtungen. Auch hier ist der Prozeß zunehmender Auflösung und Abstraktion feststellbar. Überhaupt hat das gesamte Gedicht eine äußerst interessante Syntax, mit der es aus dem Rahmen der übrigen Gedichte herausfällt. In Strophe eins sind die Sätze noch völlig intakt, wobei ins Auge fällt, daß die Nebensätze jeweils vorgezogen sind. Dieser Umstand ist leicht zu erklären. Er entspricht der zeitlichen Abfolge von Erlebnis und bewußter Reaktion, von Bedrohung und Abwehr. In Strophe zwei sind die Sätze von Vers eins bis drei unvollständig, sie haben elliptischen Charakter. Das Ich als Subjekt des Hauptsatzes wird verschwiegen. Dadurch erhält das Herz als Subjekt des Nebensatzes stärkeres Gewicht und kommt in gewisser Weise als Gefahr wieder in Reichweite. Diese Gegenläufigkeiten von Subjekt und Objekt innerhalb der Satzstruktur und des Rhythmus verdeutlichen das Spannungsverhältnis zwischen Ich und Herz.

Der vierte Vers nun in Strophe zwei lenkt von dieser Problematik ab. Er nimmt ein substantiviertes Verb zum Subjekt des Satzes. Das ist von Bedeutung, weil das Substantiv "Klagen" an eine Lebensäußerung des Herzens anknüpft ("es ... klagt"), das diese ins Endlose gesteigert erscheinen läßt, ohne noch von einem Ich abhängig zu sein. Demgegenüber steht eine ebenso endlos erscheinende Bewegung der Abwehr im ersten Doppelvers der dritten Strophe des Gedichts. Die Auflösung der Syntax ist hier auf ein Höchstmaß gesteigert. In der elliptischen Konstruktion fehlen Subjekt, Prädikat und Objekt. Als einziges Fragment eines Satzes bleibt die adverbiale Bestimmung zu einem ungenannten Verb bestehen: "Lustig in die Welt hinein / Gegen Wind und Wetter!" Diese Bewegung entbehrt jeglicher Konkretion, aber sie wirkt wie ein Automatismus, wie eine Verselbständigung der beiden zu Beginn des Gedichts noch positiv verzeichneten Grundimpulse des Lyrischen Ich: des Herunterschüttelns und des Singens. Ein Blick auf die Adverbien des Gedichts kann diese Vermutung stützen. Neben dem Adverb "Lustig" gibt es im gesamten Gedicht nur zwei weitere Adverbien, die sich beide auf das Singen beziehen: "Sing ich hell und munter". Alle drei Adverbien schließlich sind semantisch untereinander verwandt.

Will man nun ein Fazit ziehen, so läßt sich Folgendes sagen: Das Gedicht thematisiert nicht den Prozeß einer Selbstfindung, wie das starke Auftreten des Ich zunächst vermuten lassen könnte, sondern dessen Gegenteil: den zunehmenden Selbstverlust, die Ich-Auflösung. Der Prozeß wird angestoßen durch die doppelte Bedrohung von Außen und Innen, wobei sich die von Innen, vom Herzen her als die größere erweist. Als Reaktion darauf verschließt das Ich sämtliche Sinne und fängt an zu singen. Dieses Singen ist "hell und munter". Doch zeigt sich darin eine ironische Brechung. Denn gesungen wird ja gerade nicht <u>aus</u> dem Herzen – etwa eines fröhlichen, lustigen Wanderburschen –, sondern <u>gegen</u> das Herz, von dem eine lebensbedrohliche Gefahr ausgeht. Es ist also ein höchst unfreiwilliger Vorgang, ein aufdiktierter, wie auch schon das Wandern es war. Aus dem Wandern-Müssen ist ein Singen-Müssen geworden. Dieser Vorgang verschärft sich im Verlauf des Gedichts so weit, daß gegen Ende nur noch der Zwang der Handlung als Automatismus bestehen bleibt. Ich und Herz haben sich vollständig aufgelöst und stehen dazu in keinem Verhältnis mehr. Auch alle anderen Konkreta des Gedichts gehen im Allgemeinen auf. Je abstrakter das Gedicht wird, desto beziehungsloser, desto menschenleerer wird es auch.

Der Schluß des Gedichts gleicht einer sentenziösen Lebensweisheit, die die Summe zieht: "Will kein Gott auf Erden sein, / Sind wir selber Götter." Der

Inhalt dieses Doppelverses ist zunächst befremdlich. Er wirkt wie angehängt, da er sich nirgends herleiten läßt. Bei genauer Betrachtung erkennt man jedoch, daß die vorangegangene Problematik auf eine philosophische Ebene übertragen wird. Die Verweigerung gegenüber den kausalen Gegebenheiten von Außen und Innen ist hier zu einer existentiellen Haltung geworden. Die Annullierung der eigenen Person – deren Sinne und deren Herz – führt zur Annullierung Gottes. Auf diesem Um-Weg kann dem Selbstverlust doch wieder begegnet werden: Da die Entfremdung von der sozialen Gemeinschaft und von der eigenen Person nicht aufgehoben werden kann, wird sie selbst zur Lebensmaxime erklärt. Damit wird ein neuer, übergeordneter Zusammenhang gewonnen, in dem das eigene Leben exemplarischen Charakter hat und dadurch Gültigkeit erlangt. Das Ich in der *Winterreise* geht auf in einem kollektiven "wir". Es hat eine repräsentative Funktion erlangt in einer Welt ohne Gott.

Wie dieser Gott, der nun verworfen wird, definiert bzw. erlebt wurde und wie sich der Mensch in seiner neuen, gottgleichen Position selbst definiert, kann rückblickend aus dem Gedicht erschlossen werden. Beides besteht in Abhängigkeit voneinander; das eine läßt sich aus dem anderen folgern. Dieser Gott, der nicht "auf Erden sein" will, gleicht dem Ich des Gedichts, das seine Sinne verschließt und nur noch durch die Ausübung einer unendlichen Tätigkeit – die beides zugleich ist: hilflose Verzweiflung und rauschhafte Selbstvergewisserung – fortexistiert. Es ist ein Gott, der nicht hört und sieht und der den Menschen in seinem Schmerz sich selbst überläßt, ein Gott, der unter dem Wiederholungszwang des fortwährenden Schöpfertums seine Geschöpfe vergißt.

2.4. Die existentiellen Motive : Täuschung – Desillusionierung – Todessehnsucht

Im Unterschied zu den bereits besprochenen Motivketten verlangt die Reihe der existentiellen Motive eine andere Behandlungsweise, da diese nicht unmittelbar bildlich in Erscheinung treten; es handelt sich bei den Motiven von Täuschung, Desillusionierung und Todessehnsucht um innerpsychische Phänomene, die von verschiedenen Bildern jeweils repräsentiert werden, jedoch keine eindeutige symbolische Entsprechung haben. Hierzu gehören beispielsweise die Tiermotive: die Hunde, die Krähen, die Hähne und die Raben. Daneben gibt es unerklärliche Vorkommnisse wie den Wegweiser, der von den Städten fortweist in die "Wüstenein" ('Der Wegweiser'), oder den Friedhof, der plötzlich am Weg auftaucht, fernab jedweder dörflichen Gemeinschaft ('Das Wirthshaus'). Auch andere, ans Unheimliche grenzende Erscheinungen sind hier zu nennen: die im Dunkel rauschenden Zweige des Lindenbaums, die dem Wanderer zuflüstern; die Täuschung der plötzlich, über Nacht ergrauten Haare ('Der greise Kopf'); die Irrlichter; die Himmelserscheinung der Nebensonnen; schließlich auch die irreale Figur des Leiermanns, der außerhalb des Dorfes und noch dazu "Baarfuß auf dem Eise / Schwankt"[44]. Sämtliche solcher Motive werden im Volksglauben als Vorzeichen des Todes gedeutet.[45]

Die beiden Motivkreise der Täuschung und des Todes stehen in der *Winterreise* miteinander in unauflöslichem Zusammenhang und können daher nur als Teilaspekte ein und derselben psychischen Grundsituation gemeinsam behandelt werden.

Das Motiv des Todes kann sich sowohl als Todesfurcht wie auch als Todessehnsucht äußern. Ersteres taucht insbesondere als Angst vor dem

44 'Der Leiermann'.

45 Vgl. Handwörterbuch des deutschen Aberglaubens, hrsg. v. Hanns Bächtold-Stäubli, Berlin und Leipzig 1927-1942, s.v. 'Tod' bzw. 'Todessehnsucht', Bd. 8, S. 970-985; S. 993-1010.

Verlust einer Hoffnung (Illusion) auf, letzteres leitet sich von der Ruhelosigkeit her, die aus dem Erlebnis der Desillusionierung resultiert. Diese tritt in zyklischer Form immer wieder auf und nimmt dabei, bedingt durch den Wiederholungseffekt, beständig an Schärfe zu. Zur Täuschung gehört die Illusion von Glück, die in ihren Bildern meist jedoch schon ambivalent ist: zwischen ihr und den Vorzeichen des Todes besteht ein enger Zusammenhang. Fast alle Glücksillusionen enden in der Desillusionierung. Fast jede Ent-Täuschung führt über das Erlebnis zunehmender Isolation zur Todessehnsucht des Ich.

Schon von Anfang an ist alles vorgegeben: die Thematik von Illusion und Enttäuschung und von unaufhebbarer Fremdheit. Bereits das erste Gedicht, 'Gute Nacht', spricht aus der Distanz, im Duktus der Ernüchterung.[46] Dieser zieht sich durch den gesamten Zyklus. Sei es die Verbitterung des Wanderers über seine frühere Gutgläubigkeit[47] oder die Verwunderung über die sonst heißen, nun aber gefrorenen Tränen – alle Gedichte sprechen auf irgendeine Art und Weise von der Desillusionierung, die dem Wanderer aus der Erfahrung einer pervertierten Welt erwächst.

Im Zusammenhang mit der Todesfurcht taucht die Thematik der Desillusionierung erstmals im Gedicht 'Erstarrung' auf, wo die Hoffnung auf ein Zeichen der Erinnerung an die Geliebte bestimmend wird für die verzweifelte Suche des Ich. Der Kulminationspunkt dieser aufsteigenden Linie ist die genaue Mitte des Gedichts[48], wo die Illusion zerstört wird und schließlich zu der niederschmetternden Selbsterkenntnis führt, daß das erfrorene Herz mit dem erstarrten Bild der Geliebten an die Stelle von lebendiger Erinnerung getreten ist.

---

46 Insbesondere die dritte Strophe: "Was soll ich länger weilen, / Bis man mich trieb' hinaus? / Laß irre Hunde heulen / Vor ihres Herren Haus!"

47 "Er hätt' es ehr bemerken sollen, / (...), / So hätt' er nimmer suchen wollen ..." ('Die Wetterfahne').

48 "Wo find' ich eine Blüthe, / Wo find' ich grünes Gras? / Die Blumen sind erstorben, / Der Rasen sieht so blaß."

Im Gedicht 'Der Lindenbaum' leitet die Erfahrung der Desillusionierung fast unmerklich in die Todessehnucht über. Hier gewinnt das Thema für den Wanderer erstmals an Kontur und wird ihn auch im weiteren nicht mehr verlassen. Es ist verschiedentlich darauf hingewiesen worden, daß dieses auf den ersten Blick so harmlos erscheinende Gedicht – welches selbst bis in unsere Gegenwart hinein als naives Volkslied unterschätzt wurde – noch eine andere, tieferreichende Lesart erlaubt.[49] Ich möchte den unten aufgeführten Interpretationen im Wesentlichen nichts Neues hinzufügen, sondern nur einige im Rahmen des Kapitels wichtige Aspekte hervorheben.

Der Lindenbaum.

Am Brunnen vor dem Thore
Da steht ein Lindenbaum:

---

49 Ich verweise hier insbesondere auf die Interpretationen von Cottrell (2) und G. Hartung (3). Cottrell bespricht dieses Lied im Rahmen seiner Untersuchung über Müllers Liederzyklen recht ausführlich, bleibt m.E. allerdings zu sehr in psychologischen Schematisierungen stecken, die ihn häufig genug auch zu falschen Schlußfolgerungen verleiten. Hartung ordnet das Gedicht in historische Zusammenhänge ein, wobei er zu sehr aufschlußreichen Ergebnissen kommt.

Ich möchte an dieser Stelle auch auf die Erwähnung des Liedes in Thomas Manns Roman 'Der Zauberberg', in dem es um die innere Überwindung des romantischen Erbes geht, hinweisen. Dort wird es in der Vertonung Schuberts unter den musikalischen Lieblingsstücken Hans Castorps, für den es eine zentrale Bedeutung besitzt, aufgezählt. Da heißt es von diesem Lied: "Welches war diese dahinter stehende Welt, die seiner (Castorps) Gewissensahnung zufolge eine Welt verbotener Liebe sein sollte?

Es war der Tod.

Aber das war ja erklärter Wahnsinn! Ein so wunderherrliches Lied! Reines Meisterwerk, geboren aus letzten und heiligsten Tiefen des Volksgemüts; ein höchster Besitz, das Urbild des Innigen, die Liebenswürdigkeit selbst! Welch häßliche Verunglimpfung!

Ei ja, ja, ja, das war recht schön, so mußte wohl jeder Redliche sprechen. Und dennoch stand hinter diesem holden Produkte der Tod. Es unterhielt Beziehungen zu ihm, die man lieben mochte, aber nicht ohne sich von einer bestimmten Unerlaubtheit solcher Liebe ahnungsvoll-regierungsweise Rechenschaft zu geben. Es mochte seinem eigenen ursprünglichen Wesen nach nicht Sympathie mit dem Tode, sondern etwas sehr Volkstümlich-Lebensvolles sein, aber die geistige Sympathie damit war Sympathie mit dem Tode, – lautere Frömmigkeit, das Sinnige selbst an ihrem Anfang, das sollte auch nicht aufs leiseste bestritten werden; aber in ihrer Folge lagen Ergebnisse der Finsternis." (Mann, Thomas: Der Zauberberg, in: Gesammelte Werke in Einzelbänden. Frankfurter Ausgabe, hrsg. v. Peter de Mendelssohn, Frankfurt a.M. 1981, Bd. 6, S. 916-917).

Ich träumt' in seinem Schatten
So manchen süßen Traum.

Ich schnitt in seine Rinde
So manches liebe Wort;
Es zog in Freud' und Leide
Zu ihm mich immer fort.

Ich mußt' auch heute wandern
Vorbei in tiefer Nacht,
Da hab' ich noch im Dunkel
Die Augen zugemacht.

Und seine Zweige rauschten,
Als riefen sie mir zu:
Komm her zu mir, Geselle,
Hier findst du deine Ruh'!

Die kalten Winde bliesen
Mir grad' in's Angesicht,
Der Hut flog mir vom Kopfe,
Ich wendete mich nicht.

Nun bin ich manche Stunde
Entfernt von jenem Ort,
Und immer hör' ich's rauschen:
Du fändest Ruhe dort!

Der Lindenbaum, den der Wanderer im Rückblick als Symbol für Geborgenheit und ein naives Weltgefühl interpretiert, wird in zweiter Lesart zum Garanten für die endültige Ruhe im Tod. Diese Wendung trägt das Gedicht in seinem Verlauf suggestiv an den Leser heran. Das Motiv der Dunkelheit ist das bestimmende Thema des Gedichts: Die Beziehung, die das Ich rückblickend zu dem Baum unterhielt, war angesiedelt in der Sphäre von "Traum" und "Schatten". Die Vertrautheit von Ich und Baum hatte durch ihre

Unbestimmtheit[50] den Charakter von etwas Zeitenthobenem und Unbewußtem. An dieses Vergangene knüpft die dritte Strophe an: "auch heute". Doch die veränderte Situation wird sofort deutlich: es bleibt bei keinem Verweilen, der Wanderer muß "Vorbei". Damit kommt Bewegung und auch Geschichtlichkeit in die frühere statische Beziehung. Die Dunkelheit ist auch weiterhin vorherrschendes Motiv ("in tiefer Nacht", "Dunkel", "Augen zugemacht"), doch nimmt sie jetzt, in ihrer Verdichtung, bedrohliche Züge an. Insbesondere mit dem Bild des Augenverschließens kommt eine Ambivalenz mit ins Spiel, die sich von nun an auf alles Folgende überträgt. Das Schließen der Augen "noch im Dunkel", das die Assoziation sowohl an Schlaf wie auch an Tod aufkommen läßt, korrespondiert insgeheim mit dem Rauschen des Baumes: Letzteres wurde von ersterem initiiert. Die Leichtigkeit dieses Vorgangs, die fast an eine natürliche Folge denken läßt, wird formal durch das Anknüpfungswort "Und" markiert, das die vierte Strophe mühelos mit der dritten verbindet. Auch der Lindenbaum verrät nun seine heimliche Ambivalenz. Die früher gewährte Ruhe in "Schatten" und "Traum" verdichtet sich jetzt zum Versprechen endgültiger Ruhe.

Diese Wirkung wird noch durch einen weiteren Faktor unterstrichen: Das Motiv der Dunkelheit wird nicht nur bildlich intensiviert, sondern auch lautlich. Das Thema der dunklen "u"-Assonanzen, im ersten Drittel des Gedichts nur von ferne angedeutet (I,1: "Brunnen", II,4: Zu ihm"), bricht sich Bahn in Strophe drei ("Ich mußt", "im Dunkel", "zugemacht") und beherrscht schließlich die vierte Strophe ganz ("Und ...", "mir zu", "zu mir", "du deine Ruh"). Durch die zunehmende lautliche Verdunkelung wird das letzte Wort der Strophe, "Ruh", subtil aufgeladen und erhält die Bedeutung von etwas Endgültigem. Ebenso verhält es sich mit der sechsten Strophe, die nach kurzfristiger Unterbrechung in Strophe fünf[51] das "u"-Thema wieder aufgreift ("Nun", "Stunde", "Und immer", "Du fändest Ruhe dort"). Trotz zeitlicher und

50 Unbestimmtes Hingezogensein: "Es zog ..."; Unbestimmtheit von "Traum" und "Wort": "so manchen süßen Traum", "so manches liebe Wort".

51 Vgl. hierzu das Kapitel 'Das Motiv des Windes', S. 78.

räumlicher Distanz wirkt hier die Todesverlockung im Innern des Wanderers fort. Doch es bleibt ein Vorbehalt. Das Gedicht klingt im Konjunktiv aus und legt eine starke Betonung auf das letzte Wort: "dort!" Damit bekommt das Ruheversprechen etwas ausschließlich an den Ort Gebundenes. Je weiter sich der Wanderer folglich von hier aus entfernt, desto unmöglicher müßte es ihm auch werden, die Ruhe, und sei es die Todesruhe, zu finden. Genau diese Situation wird auch im Verlauf der *Winterreise* eintreten.

Das Gedicht 'Rückblick' markiert einen Einschnitt innerhalb des Zyklus. Hier wird, was im 'Lindenbaum' begonnen hat, endgültig vollzogen: der Schritt in die Fremde. Dabei zeigt sich ein deutlicher Bruch. Bisher war der Wanderer noch befangen in seiner Sehnsucht zurückzukehren[52], die zugleich ein Nachklang des Ruheversprechens ist, das seit dem 'Lindenbaum' in ihm fortwirkt. Von jetzt an ist sein Blick vorwärtsgewandt. Doch gegenläufig dazu häufen sich die Vorzeichen des Todes. Der Bruch, der hier stattfindet, manifestiert sich in der Weise, daß die Osmose von Erinnerung und Gegenwart nicht mehrt gelingt. Die Folge davon ist, daß alles Vertraute nun pervertiert erscheint. Die Konsequenz für das Denken ist die Ironie und eine nihilistische Weltsicht.

'Der greise Kopf' ist das erste Gedicht, das die Todessehnsucht unverhohlen ausspricht. Hier wird zudem ein völlig neuer, unverkennbar ironischer Ton angeschlagen.

Der greise Kopf.

Der Reif hatt' einen weißen Schein
Mir über's Haar gestreuet.
Da meint' ich schon ein Greis zu sein,
Und hab' mich sehr gefreuet.

Doch bald ist er hinweggethaut,
Hab' wieder schwarze Haare,

52 'Der Lindenbaum': "Du fändest Ruhe dort!"; 'Die Post': "Willst wohl einmal hinübersehn ..."; 'Wasserfluth': Da ist meiner Liebsten Haus"; 'Rückblick': "Möcht' ich noch einmal rückwärts sehn, / Möcht' ich zurücke wieder wanken, / Vor ihrem Hause stille stehn."

Daß mir's vor meiner Jugend graut –
Wie weit noch bis zur Bahre!

Vom Abendroth zum Morgenlicht
Ward mancher Kopf zum Greise.
Wer glaubt's? Und meiner ward es nicht
Auf dieser ganzen Reise!

Das Gedicht gehört zu denen, die am meisten faszinieren. Hier spricht jemand mit einer beißenden ironischen Distanz und hat mit einem überaus effektvollen Bild aufzuwarten.[53] Sämtliche Register der Lebensverneinung werden gezogen. Es beginnt mit der Glücksillusion, die auf einer Täuschung basiert und die in sich bereits ambivalent ist: denn wie, möchte man fragen, kann sich jemand freuen, der an sich so offensichtliche Spuren des Greisenalters entdeckt? Ein fragwürdiges Glück, will man meinen. Der Winterreisende hingegen denkt anders. Mit dem Eintritt in die Fremde haben sich für ihn die Vorzeichen von Glück in ihr Gegenteil verkehrt.

Die zweite Strophe thematisiert den Verlauf der Ent-Täuschung: der weiße Reif taut weg, die Haare sind wieder schwarz, und hinter dem "Schein" des Alters kommt erneut die Jugend zum Vor-Schein, vor der dem Wanderer nun wiederum "graut". Durch die Überwindung der Täuschung wird die Spannungssituation im Ich dramatisiert, und auch der Todeswunsch tritt verstärkt ins Bewußtsein: "Wie weit noch bis zur Bahre!" Das Gedicht spielt mit solchen Antithesen und Doppeldeutigkeiten; es bezieht seine Wirkung daraus.

Die dritte Strophe treibt dieses Spiel auf die Höhe, indem sie selbst wieder Täuschungseffekte einbaut. Der sprichwortähnliche Doppelvers zu Beginn gibt sich den Anschein von Objektivität, gegen die sich nun ein um ebensolche Objektivität bemühtes Ich abzugrenzen versucht. Aber die Sätze sind schief. Der den zweiten Doppelvers einleitende Ausruf "Wer glaubt's?" gibt vor, das Sprichwort ernst zu nehmen und setzt sich mit wütender Verachtung davon ab. Gleichzeitig tut das Ich so, als hätte es gute Gründe für sein Urteil, da es

53 Es ist leicht, sich vorzustellen, daß Heine sich gerade von solchen Gedichten angesprochen fühlen mußte.

ja nun schon so lange "Auf dieser ganzen Reise" unterwegs sei. Tatsächlich aber entspricht die objektiv verstrichene Zeit in der *Winterreise* gerade einmal der, die zwischen "Abendroth" und "Morgenlicht" vergeht. So sucht man eine eindeutige Aussage vergebens, doch gerade dies scheint der Zweck des Gedichts zu sein. Es will die Täuschung. Und es will den Spott.

Im folgenden Gedicht, 'Die Krähe', wird die Thematik des Todes auf überaus zynische Weise anhand eines Tiermotivs entfaltet. Ich will nur kurz darauf eingehen.

Die Krähe.

Eine Krähe war mit mir
Aus der Stadt gezogen,
Ist bis heute für und für
Um mein Haupt geflogen.

Krähe, wunderliches Thier,
Willst mich nicht verlassen?
Meinst wohl bald als Beute hier
Meinen Leib zu fassen?

Nun, es wird nicht weit mehr gehn
An dem Wanderstabe.
Krähe, laß mich endlich sehn
Treue bis zum Grabe!

Wie bereits erwähnt, zählt die Krähe im Volksglauben zu den Motiven, die den nahen Tod ankünden. Ein anderer wichtiger Aspekt ist hier ebenfalls mitzureflektieren: Frieder Reininghaus bemerkt, daß "Hofschranzen (...) im Volksmund 'Krähen' genannt (wurden); Kammerherrn, Günstlinge, Postenschieber, windige Diplomaten (die damals wie heute eher Spionage-, Schnüffel- und Geheimdienstaufgaben zu versehen hatten als Verhandlungen für friedliche Konfliktlösungen) erhielten diesen Ehrentitel."[54] Schon einmal

---

54 Reinighaus, Frieder: Schubert und das Wirtshaus. Musik unter Metternich, Berlin 1980, S. 221.

fanden Krähen im Gedicht 'Rückblick' Erwähnung; dort trieben sie den Wanderer gleichsam feindselig aus der Stadt hinaus.[55] Die Bedrohung, die von ihnen ausging, scheint ihn nun, in der Fremde, in potenzierter Weise einzuholen. Durch die völlige Trennung von der Stadt und den dadurch bedingten Mangel an vertrautem Hintergrund wird die Bedrohung erst eigentlich spürbar. Das, was übrigbleibt, nachdem das Vertraute verloren gegangen ist, erscheint – täuschend-echt – in extremer Verzerrung: So entpuppt sich die Krähe nun als Todesvogel mit überdimensionalen, mythischen Ausmaßen, der seinem Opfer auflauert. Dieser Gefahr begegnet der Wanderer mit einem ungeahnten Fatalismus, der die vorgeblich tödliche Bedrohung als Ausdruck der wahren Treue willkommen heißt.

Das Gedicht 'Letzte Hoffnung' wurde schon in anderen Zusammenhängen erwähnt[56], gehört aber viel mehr noch in dieses Kapitel. Denn auch in 'Letzte Hoffnung' geht es primär um den Aufbau und den Fall einer Illusion. Der ironische Tonfall ist wieder zurückgenommen. Das Gedicht läßt die Illusion von Hoffnung noch einmal aufflackern und bemüht sich verzweifelt um die Orientierung an der Vergangenheit, die von einem herbstlichen Blatt am Baum repräsentiert wird. In diesem Bild ist das Spannungsverhältnis von Leben und Tod, von Erinnerung und Gegenwart auf sehr eindringliche Weise veranschaulicht. Das Ich befindet sich hier, wie noch zu zeigen sein wird, bereits in einem Zustand verminderter Konzentrationsfähigkeit.

Letzte Hoffnung.

Hier und da ist an den Bäumen
Noch ein buntes Blatt zu sehn,
Und ich bleibe vor den Bäumen
Oftmals in Gedanken stehn.

---

55 "Die Krähen warfen Bäll' und Schloßen / Auf meinen Hut von jedem Haus." Die Krähen kontrastieren in diesem Gedicht mit "Lerch' und Nachtigall". Mit diesen zusammen bilden sie ein Motivpaar, das die Thematik von Erinnerung und Gegenwart mitvollzieht.

56 Vgl.: 'Das Motiv des Windes', S. 79 f.; 'Das Motiv der Tränen', S. 89.

Schaue nach dem einen Blatte,
Hänge meine Hoffnung dran;
Spielt der Wind mit meinem Blatte,
Zittr' ich, was ich zittern kann.

Ach, und fällt das Blatt zu Boden,
Fällt mit ihm die Hoffnung ab,
Fall ich selber mit zu Boden,
Wein' auf meiner Hoffnung Grab.

Das Gedicht ist von großer suggestiver Kraft. Es arbeitet mit einem sehr sparsamen Wortmaterial und gewinnt dadurch an Eindringlichkeit. Die Bewegung ist verhalten, zurückgenommen, wie auch das Ich selbst. Dieses steht still in einer meditativen Haltung des Schauens. Die gesamte Konzentration ist auf einen einzigen Vorgang gerichtet: auf das Herabfallen eines fragilen Blattes vom winterlichen Baum. Die Bewegung des Fallens beherrscht das ganze Gedicht. Auch das schauende Ich wird davon unmerklich mitgezogen, so daß an ihm dieselbe Fragilität wie an dem herabfallenden Blatt offenbar wird. Zwischen dem angeschauten Vorgang und dem, was im Innern des Ich geschieht, besteht eine Synchronizität.

Das Fallen wird auf verschiedene Weise im Gedicht realisiert: Das trochäische Metrum bewirkt eine große rhythmische Schwere, die dadurch potenziert wird, daß sie auf das jeweils zentrale Wort der Strophen, das am Ende der Verse eins und drei in eindringlicher Wiederholung genannt wird, wie auf einen Fokus zuläuft und hier kurz zum Verweilen kommt: "Bäumen" – "Bäumen", "Blatte" – "Blatte", "Boden" – "Boden". Dies entspricht – in Zeitlupe – dem Vorgang des Sehens, bei dem sich der Blick auf einen Gegenstand zubewegt, um auf diesem, erkennend, auszuruhen. Die Wiederholung des Schlußwortes aus Vers eins im dritten Vers verleiht diesem ein größeres Gewicht, ebenso wie auch die "b"-Alliterationen und -Assonanzen dessen klangliche Aufladung verstärken (I: "Bäumen", "buntes Blatt", "bleibe", "Bäumen"; II: "Blatte", "Blatte"; III: "Blatt zu Boden", "ab", "selber", "Boden", "Grab"). Auch optisch läßt die jeweilige Positionierung der Wörter im Gedicht ein Herabfallen erkennen: In Strophe eins erscheint das "bunte( )

Blatt" in seiner Mittelstellung zwischen dem Wort "Bäumen" in Vers eins und drei wie ein Blatt im Gezweig. In Strophe zwei hingegen wirkt es durch seine Endposition im ersten und dritten Vers wie freischwebend und ohne Verankerung: optisch wird hier bereits das torkelnde Herabfallen vorweggenommen, bevor es in Strophe drei ausgesprochen wird. Dort schließlich erscheint "das Blatt" auf gleicher Zeile mit dem "Boden" und ist damit als ein am Boden liegendes zu assoziieren.

Eine ähnliche Bewegung, nur zeitlich und strophisch versetzt, vollzieht das Wort "Hoffnung", das in Strophe zwei die Mittelstellung zwischen dem Wort "Blatte" im ersten und im dritten Vers einnimmt. Damit wiederholt sich, mit vertauschten Wörtern, der optische Eindruck, den schon Strophe eins bietet: So wie das Blatt am Baum befestigt ist, ist nun die "Hoffnung" am "Blatte" befestigt, doch zeigt sich in den jeweiligen Ausgangspositionen von "Blatt" und "Hoffnung" ein wesentlicher Unterschied: während der Baum im Boden stabil verwurzelt ist, ist das "Blatt" von vorne herein fragil. Die "Hoffnung" vollzieht auf diese Weise eine doppelte Fallbewegung, einmal automatisch durch das fallende "Blatt", an dem sie befestigt ist, ein andermal auch noch durch das Abfallen von eben diesem "Blatt". Das realisiert sich optisch folgendermaßen: Während das "Blatt" im ersten Vers der dritten Strophe gleichsam am "Boden" liegen bleibt, scheint es, als könne die "Hoffnung" noch tiefer fallen. Zunächst gelangt sie erneut in eine Klammerstellung zwischen den "Boden" in Vers eins und drei, doch auch aus dieser löst sie sich. Während in Vers drei nun das Pronomen "ich" auf gleicher Höhe wie das Wort "Boden" liegen bleibt, sinkt das Wort "Hoffnung" noch tiefer, wo es zuletzt eine Linie mit dem Wort "Grab" bildet. Es schließt damit die Fallbewegung, die in Strophe drei noch durch das dreimalige Fallen prononciert wird ("fällt das Blatt", "Fällt ... die Hoffnung", "Fall ich"), endgültig ab.

Eingedenk der Tatsache, daß in diesem Gedicht "Hoffnung" an einen an sich schon fragilen Gegenstand geknüpft wird und außerdem die Bewegung des Fallens schon von Anfang an vorherrscht, muß man feststellen, daß das Gedicht seiner Überschrift spottet. Denn von "Hoffnung" kann hier nicht mehr die Rede sein. Die hier konstruierte "Hoffnung" überzeugt nicht, ihr illusionärer Charakter ist offensichtlich. Dennoch kann sie kurzfristig gelingen, in der Pause, die entsteht zwischen dem Erlebnis des Herabfallens und der Erkenntnis seiner Zwangsläufigkeit. Die Ungleichzeitigkeit von Erlebnis und bewußter Verarbeitung, die deutlich wird im Nacheinander-Fallen von "Blatt" und "Hoffnung", verleiht dem Gedicht seine zitternde Intensität.

Das Gedicht markiert, nach 'Rückblick', einen weiteren Einschnitt im Zyklus. Mit ihm schließt die erste Zyklushälfte ab. Mit ihm fällt auch der Aspekt der Hoffnung gänzlich weg, ebenso, wie schon gezeigt wurde, die Möglichkeit des Weinens. Die Hoffnung war an die Vergangenheit geknüpft. Diese ist mit dem letzten "bunte(n) Blatt" am Baum, als bildlichem Träger einer verlorenen Jahreszeit, nun selbst vergangen. Die Erinnerung ist gleichsam begraben. Damit ist auch das Ich aus seiner Verankerung – seiner Erinnerung – gerissen.

Das nächste Gedicht, 'Im Dorfe', gehört zu den "kühnsten und überraschendsten in dieser Liedernovelle".[57] Es behandelt das Thema der Desillusionierung in prononcierter Form. Seine Wirkung bezieht es zum Teil auch durch den Kontrast zum vorhergehenden Gedicht 'Letzte Hoffnung'. Den fallenden, schweren Trochäen antwortet nun eine lebhaft daktylische Bewegung. Die Trauer über die begrabene Hoffnung wird jetzt zum Wegbereiter für einen erneuten Aufbruch. Hier spricht ein verzweifelt rebellierendes Ich aus höhnischer Distanz und rechnet mit seinem bisherigen Leben ab:

Im Dorfe.

Es bellen die Hunde, es rasseln die Ketten.
Die Menschen schnarchen in ihren Betten,
Träumen sich Manches, was sie nicht haben,
Thun sich im Guten und Argen erlaben:
Und Morgen früh ist Alles zerflossen. –
Je nun, sie haben ihr Theil genossen,
Und hoffen, was sie noch übrig ließen,
Doch wieder zu finden auf ihren Kissen.

57 Fröhlich, Hans J.: Wilhelm Müller: Im Dorfe, in: Frankfurter Anthologie 3, 1978, S. 61.

Bellt mich nur fort, ihr wachen Hunde,
Laßt mich nicht ruhn in der Schlummerstunde!
Ich bin zu Ende mit allen Träumen –
Was will ich unter den Schläfern säumen?

'Im Dorfe' bildet als 13. Gedicht den Auftakt der zweiten Zyklushälfte. Es hat in ähnlicher Weise wie 'Gute Nacht' den Charakter einer Einleitung. Zwischen diesen beiden Gedichten gibt es mehrere Anknüpfungspunkte, so daß der Eindruck entsteht, als würde nun auf einer zweiten Ebene – musikalisch gesprochen: auf einer neuen Oktav – das Eingangsthema variiert.[58] Nicht nur kann man sagen, daß das Motto aus 'Gute Nacht' ("Fremd bin ich eingezogen, / Fremd zieh' ich wieder aus.") "formbildend für dieses Gedicht geworden" ist[59], auch dieselben Motive kehren abgewandelt wieder: die nächtliche Dorfsituation, die Ruhe der Bürger[60], die Ruhelosigkeit des Wanderers im Kontrast dazu, und die Hunde. Nur ist jetzt alles noch schärfer konturiert, entsprechend der ins Extrem gesteigerten psychischen Situation.

Ich möchte auf einige Einzelaspekte des Gedichts zu sprechen kommen: Die Gehbewegung des Wanderers, die nicht explizit thematisiert ist, läßt sich aus dem Gedicht erschließen. Zunächst kündigt sich das Dorf aus der Ferne durch akustische Eindrücke an, und zwar in der Reihenfolge ihrer Lautstärke. Am eindringlichsten wird zuerst das Bellen wahrgenommen, dessen Zuordnung zu den Hunden mit Verzögerung erfolgt. Diese Abfolge von Sinneseindruck und Erkenntnis der Reizquelle entspricht dem Wahrnehmungsvorgang. Entsprechend erfolgt die Wahrnehmung des Kettenrasselns: zuerst der Reiz, dann die Zuordnung. Diese Folge bringen die Sätze durch das nachgestellte Subjekt zum Ausdruck. Es zeigt sich darin eine Annäherung an den Ort, von dem die Geräusche ausgehen. Das leiseste Geräusch schließlich, das Schnarchen der Schläfer, wird zuletzt wahrgenommen. Hier muß schon ein gutes Stück der räumlichen Entfernung überwunden sein. Der Wanderer

58 Vgl. Cottrell (2), S. 52.

59 Fröhlich, S. 6.

60 'Gute Nacht': "Will' dich im Traum nicht stören, / Wär' Schad' um deine Ruh'."

befindet sich nun erst wirklich 'Im Dorfe', welches er nachdenklich durchquert. Der Bruch dann zwischen Strophe eins und zwei signalisiert ein erstes räumliches Abstandnehmen. Ab hier wird das Hundegebell wieder aktuell, dem jetzt auch noch eine Bewegungsfunktion zukommt: die Hunde bellen den Wanderer "fort". Der Gedankenstrich am Ende von Vers elf setzt ein weiteres Signal der Distanz. Hier ist der Wanderer schon wieder weit vom Dorf entfernt.

Die Motive von Traum und Wachheit werden, wie in 'Gute Nacht' und in 'Der Lindenbaum', kontrastiv einander gegenübergestellt. Die Welt des Traums, des Schlafes ist die Welt des Bürgertums, während Wachheit und Illusionslosigkeit dem Ich zukommen. Diesen Gegensatz unterstreicht das antithetische Verhältnis von Strophe eins und Strophe zwei. Acht Verse in der ersten Strophe kontrastieren mit nur vier in der zweiten. Dieses quantitative Mehr entspricht dem Mehr, das die Menschen 'Im Dorfe' gegenüber dem Ich in Strophe zwei haben: Träume (V. 3), bürgerliche Selbstzufriedenheit (Vs. 2,4,6) und Hoffnung (Vs. 7,8). Doch umgekehrt gilt für den Wanderer, daß seine Mangelsituation gegenüber den "Schläfern" einen qualitativen Überschuß an Konzentration, Wachsamkeit und Individualität bedeutet: während Strophe eins sich auf ein anonymes Kollektiv von Bürgern bezieht, spricht Stophe zwei von einem ganz bestimmten, vereinzelten Ich.

Zwischen diesen beiden Bereichen stehen die Hunde, die ein äußerst ambivalentes Bild abgeben. Auf der einen Seite sind sie die Hüter des Schlafs und schützen die Ungebrochenheit des dörflichen Lebens, an das sie gekettet sind. Auch formal umrahmen die bellenden Hunde in Vers eins und neun die Dorfgemeinschaft, während das Ich abseits davon steht. Auf der anderen Seite sind sie wach. Sie stehen damit in Kontrast zu den schlafenden Menschen und mehr auf der Seite des Ich, das "nicht ruhn (will) in der Schlummerstunde". Dieses kann, weil es wach ist, die Bedrohung, die von den Hunden ausgeht, im Unterschied zu den "Schläfern" wahrnehmen, so daß ihm Ruhe oder gar Schlaf hier nicht mehr möglich sind. Es bleibt ausgestoßen und zieht die Konsequenzen aus seinem Schicksal, indem es sich völlig abkehrt.

Im 'Lindenbaum' bildete die Abwendung von der Stadt ("Ich wendete mich nicht") nicht den Schlußpunkt des Gedichts; die Sehnsucht zurückzukehren blieb als Verlockung unterschwellig gegenwärtig. Das Ich in vorliegendem Gedicht hat diese längst hinter sich zurückgelassen. Es stellt sich bewußt ins Abseits einer Gesellschaft, die aus lauter "Schläfern" besteht und die es nur noch in ironischer Distanz betrachten kann. Der letzte Doppelvers des Gedichts ist eine der erstaunlichsten Aussagen des gesamten Zyklus, worin die Haltung des Ich in kristallisierter Form wiedergegeben wird: "Ich bin zu Ende mit allen Träumen – / Was will ich unter den Schläfern säumen?" Radikaler läßt sich die Ablehnung einer Gesellschaft, der man selbst einmal angehörte, wohl kaum mehr ausdrücken.

In diesem Gedicht tritt dem Wanderer seine Isolation, Entfremdung von den Menschen, nicht zuletzt durch die Wiederholung der Grunderfahrung, verstärkt ins Bewußtsein. Die Zerissenheit, die daraus resultiert, findet in 'Der stürmische Morgen' ihr bildliches Äquivalent. Dieses wiederum ist eine Entsprechung zu 'Die Wetterfahne', nur daß sich jetzt die Grundimpulse, die früher den konkreten Bezug hatten (Treuelosigkeit der Geliebten), verselbständigt haben.

Die folgenden Gedichte – 'Täuschung', 'Der Wegweiser', 'Das Wirthshaus', 'Das Irrlicht' – bilden eine Gruppe. Sie konzentrieren sich verstärkt auf die Thematik von Täuschung und Tod. Dieser drängt sich als innere Bedrohung immer akuter ins Bewußtsein. Zugleich ist ein wachsender Zynismus zu bemerken. Dies entspricht der seelischen Situation des Lyrischen Ich, die durch eine große Labilität gekennzeichnet ist. Ihr entströmen Bilder mit halluzinatorischem Charakter. Der Wanderer befindet sich in einer Haltung äußerster Passivität, die ihn willenlos macht und anfällig für Verlockungen jeglicher Art. Dieser hypnoseähnliche Zustand fügt sich in die Tatsache, daß der Wanderer seit Antritt seiner Reise noch keine Gelegenheit zu schlafen gefunden hat.

Die Gedichte 'Täuschung' und 'Das Irrlicht' verwenden das Motiv des Irrlichts. "Als Irrlichter (im wissenschaftlichen Sinn) bezeichnet die Meteorologie kleine vom Boden aufsteigende, meist schnell wieder verlöschende, manchmal aber auch mehrere Sekunden lang stehende, mit schwacher bläulicher oder gelblich-rötlicher Flamme brennende Lichterscheinungen, die sich (...) in stillen Nächten in sumpfigen und moorigen Gegenden zeigen."[61] Da man sich diese Erscheinungen in früheren Zeiten nicht erklären konnte, hielt man sie für die unruhig umherschweifenden Seelen Verstorbener. Zwar galten sie als gutmütig, doch wurde ihnen zugleich die Fähigkeit zugeschrieben, den Menschen, der ihnen folgte, in die ausweglose Irre, den Tod führen zu können.

Ein solches Motiv ist in seiner real-irrealen Doppeldeutigkeit geradezu geschaffen für die hier behandelte Thematik der *Winterreise*, wobei in diesem Rahmen sein Bedeutungsspektrum erheblich erweitert wird. Ich komme auf die wichtigsten Aspekte von 'Täuschung' zu sprechen:

Täuschung.

Ein Licht tanzt freundlich vor mir her;
Ich folg' ihm nach die Kreuz und Quer;
Ich folg' ihm gern, und seh's ihm an,
Daß es verlockt den Wandersmann.
Ach, wer wie ich so elend ist,
Giebt gern sich hin der bunten List,
Die hinter Eis und Nacht und Graus
Ihm weist ein helles, warmes Haus,
Und eine liebe Seele drin –
Nur Täuschung ist für mich Gewinn!

Zunächst sticht die Form des Gedichts ins Auge. Sie fällt – mit 'Die Nebensonnen', das die gleiche Form aufweist und ebenfalls in diesen Motivkreis gehört – aus dem Rahmen der übrigen Gedichte heraus: eine einzige Strophe von zehn Versen mit durchwegs harten Endungen im Paarreim. Dies ist die formal weiteste Entfernung von der sonst überwiegend verwendeten Volksliedstrophe. Der Paarreim wird nur noch in zwei weiteren Gedichten des Zyklus verwendet: in 'Die Post' und 'Im Dorfe', dort mit harten Kadenzen und dem

---

61 Handwörterbuch des deutschen Aberglaubens, s.v. 'Irrlicht', Bd. 4, S. 779.

Refrain "Mein Herz" nach jedem Doppelvers, hier mit durchwegs weichen Kadenzen.

Ansonsten weist 'Täuschung' ein überaus gleichmäßiges Versmaß (vierhebige Jamben) auf, wodurch das beständig Aufflackernde, verführerisch Hüpfende der Lichterscheinung rhythmisch verwirklicht wird. Das Licht ist klanglich durch das ganze Gedicht hindurch zu verfolgen: zahlreiche "i"-Assonanzen (insgesamt 24) und der Nachhall des Wortes "Licht" in den Wörtern "freundlich", "Ich" (dreimal), "List", "liebe", "mich" sorgen dafür, daß das "Licht" zum Leitmotiv wird. Man könnte so weit gehen zu sagen, daß das Ich im Gedicht vom "Licht" (mit dieser gedanklichen Hervorhebung) absorbiert wird. Dies ist denn auch das Thema der Täuschungsepisode. Der Wanderer läßt sich willenlos fortlocken; er folgt ihm sogar "gern" (V. 3/6). Er durchschaut zwar das Täuschungsmanöver, setzt ihm jedoch bewußt keinerlei Widerstand entgegen. Er will die Täuschung, da sie ihm im Vergleich zu seiner gegenwärtigen Situation einen "Gewinn" bedeutet: Das Irrlicht wird als "freundlich", als "bunte( ) List", als "helles, warmes Haus" mit einer "liebe(n) Seele drin" interpretiert und steht somit in scharfem Kontrast zu "Eis und Nacht und Graus" und zu dem Ich, das sonst nur "so elend ist". Den letzen Vers des Gedichts halte ich in diesem Zusammenhang für eine der bemerkenswertesten Aussagen des gesamten Zyklus: "Nur Täuschung ist für mich Gewinn!" Der, der so spricht, glaubt an gar nichts mehr. Dies ist eine völlig neue Perspektive, verglichen mit der bisherigen. Die Hoffnung, die in 'Letzte Hoffnung' noch einmal gelang, wird nun von einer Täuschung abgelöst, die von vornherein als solche erkannt wird. Die so bewußt akzeptierte Täuschung stellt eine Absage an die Möglichkeit von Wahrheit dar.

Damit wird das Schema der mythischen Reise bzw. der Initiationsreise, bei der der Durchgang durch verschiedene Irrtümer eine Notwendigkeit für die Erkenntnis von Wahrheit darstellt, vollständig durchbrochen.

Im Zusammenhang des Zyklus läßt sich dieser Vers rückblickend auch als poetologische Maxime lesen, die in greifbare Nähe zu den Äußerungen Nietzsches rückt, der, wie Gottfried Benn es formuliert, von der Kunst als einem "Olymp des Scheins" gesprochen hat.[62] In dem obigen Satz Müllers kündigt sich eine neue Weltsicht an, in der das Kunstwerk – so pervertiert es auch erscheinen mag – an die Stelle einer wie auch immer gearteten Metaphysik getreten ist.[63]

Im folgenden Gedicht, 'Der Wegweiser', wird das Thema der Verlockung weitergeführt.

Der Wegweiser.

Was vermeid' ich denn die Wege,
Wo die andren Wandrer gehn,
Suche mir versteckte Stege
Durch verschneite Felsenhöhn?

Habe ja doch nichts begangen,
Daß ich Menschen sollte scheun –
Welch ein törichtes Verlangen
Treibt mich in die Wüstenein?

Weiser stehen auf den Straßen,
Weisen auf die Städte zu,
Und ich wandre sonder Maßen,
Ohne Ruh', und suche Ruh'.

Einen Weiser seh' ich stehen
Unverrückt vor meinem Blick;
Eine Straße muß ich gehen,
Die noch keiner ging zurück.

Das Gedicht ist sehr suggestiv, in einem beschwörenden Duktus gehalten, der vor allem durch häufige Klangkorrespondenzen bewirkt wird. Rhythmus und Tonfall unterstreichen die inhaltliche Thematik.

---

62 Benn, Gottfried: Nietzsche – Nach fünfzig Jahren, in: Benn, Gottfried: Gesammelte Werke in vier Bänden, hrsg. v. Dieter Wellershoff, Wiesbaden und München [4]1977, Bd. 1, S. 489.

63 Die Frage nach der Rolle der Kunst wird in Kapitel 2.5. ausführlich behandelt.

Die Diskrepanz von Ich und Gesellschaft, wie sie zuletzt 'Im Dorfe' thematisierte, erscheint hier in variierter Form. Sie ist ganz ins Innere des Ich verlegt: das Ich in Strophe eins und zwei ist von sich selbst getrennt, steht außer sich, schaut sich selber zu. Sein Handeln und seine Selbstreflexion konfligieren miteinander. Der reflektierende Verstand steht als objektiver Betrachter außerhalb des Geschehens, kann aber dessen Ablauf nicht verhindern. Der Wanderer scheint seine Entfremdung von den Menschen selbst nicht zu begreifen. Hier ist nicht die Entschiedenheit der Distanzierung vom sozialen Gefüge – wie in 'Im Dorfe' – zu bemerken; viel eher scheint der Wanderer aus Zwang zu handeln. Dieser innere Sog, dieses "törichte( ) Verlangen" läßt ihn "versteckte Stege" suchen und "Treibt" ihn "in die Wüstenein". Verglichen mit 'Im Dorfe' ist hier die psychische Situation viel schwieriger, labiler, da sich dem Wanderer durch die Zwangsläufigkeit des Geschehens kein Handlungsspielraum mehr eröffnet.

Die Strophen drei und vier geben eine gewisse Antwort auf die in den ersten beiden Strophen formulierten Fragen: die Ruhelosigkeit ("Und ich wandre sonder Maßen / Ohne Ruh', und suche Ruh'.") wird als Ursache für das befremdliche, in die Isolation treibende Verhalten, das der Wanderer an sich selbst konstatiert, erkannt. Als äußeres Äquivalent zu dieser inneren, in die Ausweglosigkeit treibenden Kraft tritt nun der Wegweiser in den Blick: "Einen Weiser seh' ich stehen / Unverrückt vor meinem Blick". Dieser hat die gleiche Funktion wie früher schon das Irrlicht. Doch die Situation ist verschärft. Der Wanderer folgt der Verlockung nun nicht mehr spielerisch "gern", sondern steht gleichsam unter ihrem Bann: "Eine Straße <u>muß</u> ich gehen, / Die noch keiner ging zurück" (Hvhb. von mir). Das Ich erscheint hier wie hypnotisiert. Der "Weiser", der "Unverrückt" vor dem Blick steht, mutet wie eine Halluzination an und täuscht vor, in eine Ruhe zu führen, die – im Unterschied zur bürgerlichen Ruhe – die endgültige ist.

Damit ist die Thematik des folgenden Gedichts schon eingeleitet. Der Weg des Wanderers führt auf einen "Todtenacker", der in zynischer Weise als "Wirthshaus" apostrophiert wird. Von diesem Gedicht aus läßt sich der Wegweiser rückblickend als Schild, das den Weg zum Friedhof anzeigt, interpretieren. Doch mildert diese Feststellung keineswegs die Befremdung, die der "Weiser" ausgelöst hat, zumal es auch merkwürdig anmutet, einen Friedhof mitten in den "Wüstenein" vorzufinden. Ich bespreche 'Das Wirhtshaus' im Kontext.

Das Wirthshaus.

Auf einen Todtenacker
Hat mich mein Weg gebracht.
Allhier will ich einkehren:
Hab' ich bei mir gedacht.

Ihr grünen Todtenkränze
Könnt wohl die Zeichen sein,
Die müde Wandrer laden
Ins kühle Wirthshaus ein.

Sind denn in diesem Hause
Die Kammern all besetzt?
Bin matt zum Niedersinken
Und tödtlich schwer verletzt.

O unbarmherz'ge Schenke,
Doch weisest du mich ab?
Nun weiter denn, nur weiter,
Mein treuer Wanderstab!

Die Situation der Verlockung ist in diesem Gedicht abermals verschärft. Das zeigt sich darin, daß das Ich fast ausnahmslos als Objekt innerhalb eines Vorgangs und Satzes erscheint: In der ersten Halbstrophe ist der "Weg" das Subjekt des Satzes, während das Ich als Objekt nur in Abhängigkeit davon besteht. In 'Der Wegweiser' handelte das Ich zwar unter einem Zwang ("Eine Straße muß ich gehen"), war aber doch selbst das Subjekt des Geschehens, wohingegen es hier in der Retrospektive als völlig passiv erscheint.

Im Auftakt des Gedichts bestimmt das Ich seinen Standort: "Auf einen Todtenacker ..." Von hier aus versucht es nun als Subjekt in Aktion zu treten, was jedoch mißlingt. Abermals fällt es einer Täuschung zum Opfer. Die Illusion von ewiger Ruhe, die das "kühle Wirthshaus" evoziert, wird zerstört. Die "grünen Todtenkränze" – Symbole für die Geschlossenheit eines Lebens, das das Versprechen des Todes als einem natürlichen Abschluß in sich trägt – werden als "Zeichen" für den Wanderer mißdeutet. Denn gerade auch sie gehören einem bürgerlichen Leben an, dem der Wanderer längst schon entfremdet ist. Daß für ihn auch im Tod kein Platz ist, ist die letzte Konsequenz seines Weges, die er jetzt erst begreift. An dieser Stelle ist die Nähe zur Ahasverus-Thematik am offensichtlichsten.[64]

Die Verlockungs-Situation dauert bis zur letzten Strophe an. Hier ist der "Wanderstab" das Element, das den Wanderer mit sich fortzieht. In ihm offenbart sich für den Wanderer die wahre Treue, die mit der Treue, die das Leben selbst noch im Tod gewährt, kontrastiert. Die unaufhebbare Ruhelosigkeit, das fortdauernde Wandern-Müssen ist das pervertierte Bild von Treue in einer treulosen Welt.

'Das Irrlicht' wurde bereits an früherer Stelle besprochen.[65] Ich behandle deshalb nur noch die hier wichtigsten Aspekte. Die Verlockungs-Situation wird auf ein Resümee zugeführt. Der Wanderer zieht aufgrund seiner bisherigen Erfahrungen die Schlußfolgerungen, die in einem nicht zu überbietenden Zynismus ihren Ausdruck finden:

Das Irrlicht.

In die tiefsten Felsengründe
Lockte mich ein Irrlicht hin:
Wie ich einen Ausgang finde,
Liegt nicht schwer mir in dem Sinn.

Bin gewohnt das irre Gehen,
'S führt ja jeder Weg zum Ziel:

---

64 In demselben Band, in dem die 'Winterreise' erschien, findet sich unter der Rubrik 'Wanderlieder' auch ein Gedicht mit dem Titel 'Der Ewige Jude'. Die motivische Verbindung scheint mir daher nicht nur naheliegend, sondern vom Autor selbst beabsichtigt.

65 Vgl. 'Das Motiv des Wassers', S. 75 f.

Unsre Freuden, unsre Wehen,
Alles eines Irrlichts Spiel!

Durch des Bergstroms trockne Rinnen
Wind' ich ruhig mich hinab –
Jeder Strom wird's Meer gewinnen,
Jedes Leiden auch ein Grab.

Das Gedicht ist knapp gehalten und auf ein einziges Thema konzentriert. Zunächst liest es sich wie eine Anknüpfung an den Mythos der Wanderschaft, in dem Verirrungen notwendige Etappen innerhalb eines Prozesses darstellen. Die Überwindung des Irrtums oder der Täuschung, die Erkenntnis des "Ausgang(s)" hilft, das Ziel desto klarer ins Auge zu fassen. Irrtümer haben insofern innerhalb dieses Kontextes einen Sinn. Die erste Strophe suggeriert diese Lesart. Doch die zweite annulliert sie. Die Verirrung wird nicht mehr als Übergangsstadium gesehen, sondern als Dauerzustand, aus dem es kein Entkommen mehr gibt. D.h., es gibt keine Linearität eines Weges mehr, sondern nur noch den Kreislauf von Täuschung und Enttäuschung, in dem jede Einzelsituation beliebig und bedeutungslos ist: "'S führt ja jeder Weg zum Ziel". Dieses Ziel aber, im herkömmlichen Sinn, gibt es dann nicht mehr. Es ist "Alles eines Irrlichts Spiel!" Damit wird dem Leben ("Unsre Freuden, unsre Wehen") jeglicher Sinn abgesprochen. Dieser Aspekt, die Leugnung von Wahrheit, wurde schon im Gedicht 'Täuschung' hervorgehoben ("Nur Täuschung ist für mich Gewinn!"); hier nun wird endgültig ernst mit dieser Weltanschauung gemacht.

Was Strophe zwei in abstrakter Weise formuliert, setzt die dritte Strophe noch einmal ins Bild. Die Simulation von Bewegung ("Bergstroms trockne Rinnen"), die Vortäuschung eines Ziels, das es nicht mehr gibt ("Meer", "Grab") findet hier ihren komprimiertesten Ausdruck.

Das Gedicht 'Rast' gehört nur insofern in den Kontext der Täuschungsthematik, als daß hier entgegen der objektiven Möglichkeit von Ruhe diese nicht gelingt. Ich will dennoch etwas ausführlicher werden, weil es für den Gesamtzusammenhang wichtig ist.

Rast.

Nun merk' ich erst, wie müd' ich bin,
Da ich zur Ruh' mich lege.
Das Wandern hielt mich munter hin
Auf unwirtbarem Wege.

Die Füße frugen nicht nach Rast,
Es war zu kalt zum Stehen.
Der Rücken fühlte keine Last,
Der Sturm half fort mich wehen.

In eines Köhlers engem Haus
Hab' Obdach ich gefunden,
Doch meine Glieder ruhn nicht aus:
So brennen ihre Wunden.

Auch du, mein Herz, im Kampf und Sturm
So wild und so verwegen,
Fühlst in der Still' erst deinen Wurm
Mit heißem Stich sich regen.

'Rast' greift mehrere Themen auf. Zunächst gehört es noch in die Reihe der obigen Gedichte. "Das Wandern" wird im Rückblick als die Kraft gesehen, die das Ich beherrschte und "Auf unwirtbarem Wege" vorantrieb. Der Wanderer ging nicht aus eigenem Impuls. Auch "Der Sturm half fort mich wehen". Erst jetzt, wo durch die 'Rast' die Verlockungsepisode unterbrochen wird, kann sich ein Ichgefühl einstellen und Erkenntnis über den eigenen Zustand gewonnen werden.: "Nun merk' ich erst, wie müd'ich bin, / Da ich zur Ruh' mich lege" (Hvhb. von mir).

Der Müdigkeit des Wanderers liegt der kräftezehrende Schmerz der Dissoziation zugrunde. Das Ich erlebt sich als aufgespalten, in seine Bestandteile zerlegt: "Die Füße", "Der Rücken", "meine Glieder", "mein Herz". Wo zuvor jedoch unter dem Zwang der Bewegung diese Situation nicht eigentlich spürbar war, wird jetzt "in der Still'" die Zerrissenheit erstmals als schmerzlich wahrgenommen. Es ist dies die Situation aus 'Der Stürmische Morgen', die hier mit einer noch größeren Tiefenschärfe erfaßt wird. Die Verbindungslinie zeigt sich auch in derselben Metaphorik beider Gedichte. Die "rote(n) Feuerflammen", die zwischen den Wolken am Himmel dahinziehn (und so ein Bild für den Zustand des Herzens abgeben), stehen jetzt nicht mehr außerhalb des Ich, sondern sind viel elementarer in ihm selbst wirksam: die "Wunden" der "Glieder" "brennen" und das Herz fühlt einen "heiße(n) Stich".

Es ist in diesem Zusammenhang von Bedeutung, daß die Situation die einzige im gesamten Zyklus ist, die sich innerhalb eines Raumes abspielt; alle anderen finden im Freien, in der winterlichen Landschaft statt. Daß es sich dabei zudem um das Haus eines Köhlers handelt, entspricht umso mehr der Hitze-Metaphorik des Gedichts.

Wichtig ist außerdem, daß der Wanderer hier zum ersten Mal seit Antritt der Reise einem anderen Menschen begegnet, einem Menschen freilich, der selbst ein Außenseiter ist, der einsam am Rande der Gesellschaft lebt und dessen Aufgabe darin besteht, lebendiges Material (Holz) in totes (Kohle) umzuwandeln. Für den Wanderer beginnt hier ein neuer Abschnitt seiner Reise.

'Die Nebensonnen' ist eines der faszinierendsten Gedichte des Zyklus; in seiner fast expressionistischen Bildlichkeit ist es von großer poetischer Wirkung. Im Rahmen der Täuschungsthematik stellt es den Kulminationspunkt dar. Hier schlägt, in einem Moment äußerster Gefährdung, etwas um. Ich zitiere das Gedicht zunächst noch einmal.[66]

Die Nebensonnen.

Drei Sonnen sah' ich am Himmel stehn,
Hab' lang' und fest sie angesehn;
Und sie auch standen da so stier,
Als könnten sie nicht weg von mir.
Ach, meine Sonnen seid ihr nicht!
Schaut Andren doch in's Angesicht!
Ja, neulich hatt' ich auch wohl drei:
Nun sind hinab die besten zwei.

---

66 Vgl. hierzu auch das Kapitel 'Das Motiv der Augen', S. 93 f.

Ging' nur die dritt erst hinterdrein!
Im Dunkel wird mir wohler sein.

Das Gedicht läßt sich in drei Abschnitte untergliedern: V. 1-4, V. 5/6 und V. 7-10. Nach der kurzfristigen Unterbrechung der Verlockungssituation in 'Rast' scheint den Wanderer im ersten Abschnitt des Gedichts die Bedrohung mit umso größerer Intensität einzuholen. Die "Drei Sonnen" sind ein Bild bestürzender Angst und Kälte. Sie versetzen den Wanderer in einen hypnotischen Lähmungszustand. Dieser kommt im Gedicht als statische Situation zum Ausdruck: zweimal erscheint das Verb 'stehen' ("stehn", "standen") neben dem Adverb "fest" und der adverbialen Bestimmung "stier". Die Verbindung zwischen dem Ich und den Sonnen liegt ganz auf der visuellen Ebene. Sie ist vom Vorgang des Schauens bestimmt. Dabei verschmelzen das Ich und die Sonnen in fast symbiotischer Weise miteinander. Beide sind zugleich schauend und angeschaut, beide zugleich stehend bzw. erstarrt: Schauen und Stehen ist Eines. Dies ist die extremste Angstsituation innerhalb des Zyklus.

Vergleichbare Zustände, nur in weniger zugespitzter Form, gibt es schon in den Gedichten 'Erstarrung' und 'Der Wegweiser'. In beiden Fällen äußert sich Starre als Unbeweglichkeit, als Kälteerfahrung, die auch den optischen Sinn beeinträchtigt: der Blick wird ebenfalls starr bzw. das angeschaute Objekt wird im Augen-Blick des Betrachtens fixiert. Es sind Momente äußerster Kondensation und Begrenztheit, in denen Bedrohung und Angst zum Ausdruck kommen. Im Fall von 'Erstarrung' geht die Gefahr vom eigenen Herzen aus: "Mein Herz ist wie erfroren, / Kalt starrt ihr Bild darin." In 'Der Wegweiser' ist es der Gegenstand des Weisers, der den Blick des Ich paralysiert: "Einen Weiser seh' ich stehen / Unverrückt vor meinem Blick". Ähnlich, nur auf auditiver Ebene, verhält es sich im Grunde auch in 'Der Lindenbaum', wo das Rauschen des Baumes als latente Bedrohung spürbar wird. Das Schließen der Augen konnte nicht verhindern, daß die Obsession über ein anderes Sinnesorgan doch erfolgt: "Und seine Zweige rauschten, / Als riefen sie mir zu" bzw. "Und immer hör' ich's rauschen: / Du fändest Ruhe dort!"[67]

Das Besondere an der Situation in 'Die Nebensonnen' ist der Grad der Bedrohung, der darin zum Ausdruck kommt, daß die Sonne als die lebensspendende Kraft par excellence nun zum Gegenstand von Todesangst wird. Die Sonne erscheint mehrfach gebrochen: zwei Teile sind vom Hauptteil abgespalten. Diese sind außerdem erkaltet, denn sie sind Spiegelungen in einem zu Eis gefrorenen Himmel.

Der symbolische Gehalt eines solchen Bildes ist vielschichtig. Auf eine tiefgreifende Weise findet hier eine Umwertung statt. Das Bild der Sonne als Symbol für das Leben, die Liebe oder auch Gott – all diese Konnotationen sind möglich – hat seine sinnstiftende Einheit verloren, d.h., daß sich in gewisser Weise ein Verrat ereignet: die Sonne 'bricht' mit dem, wofür sie Jahrtausende lang gegolten hat. Sie wird nicht länger mehr als eine wärmespendende Kraft erlebt, sondern hat Teil am Prozeß der Erkaltung.

Die Erscheinung der 'Nebensonnen', welche die Erinnerung an den Verlust der Geliebten wieder wachgerufen haben, lehnt der Wanderer nun mit Entschiedenheit ab: Das eruptive "Ach" in Vers fünf kommt einem Stoßseufzer gleich, der den Bann, dem das Ich unterlag, zu brechen vermag. Es rüttelt sich gleichsam wach, indem es sich lautstark distanziert. Die beiden Ausrufezeichen in Vers fünf und sechs unterstreichen diese energische Geste.

Der dritte Teil des Gedichts (V. 7-10) greift das Bild der drei Sonnen in verwandelter Form wieder auf. Sie werden in metaphorischer Weise auf eine für das Ich vergangene Situation bezogen, in der "die besten zwei" Sonnen für die Augen der Geliebten standen. Diese sind inzwischen, in der gegenwärtigen Situation des Ich, "hinab". Das entspricht durchaus wieder dem Bild der erkalteten Nebensonnen. Durch den Bruch, den Abfall der zwei Sonnen von der dritten, entsteht für das Ich ein unerträglicher Kontrast: der zwischen

---

67 Man bedenke hierbei, daß das Rauschen kein Blätterrauschen ist, da der Lindenbaum um diese Jahreszeit entlaubt ist. Das Rauschen kann also kaum dazu angetan sein, ein Frühlingsidyll heraufzubeschwören. Es ist eher ein beängstigendes Rauschen. Die kahlen Zweige legen die Assoziation an den Tod nahe.

Erinnerung ("Ja, neulich") und Gegenwart ("Nun"). Aus dieser Spannungssituation erwächst der Wunsch nach dem Untergang auch der dritten Sonne. Das ist ein Bild, aus dem sich nicht allein eine Todessehnsucht ablesen läßt. Bleibt man auf der allegorischen Ebene, so handelt es sich bei dieser dritten Sonne um eine religiöse Komponente, eine Instanz, auf die das Ich – liebend, glaubend, vertrauend – bezogen war, und die jetzt verworfen wird. Ihr wird das Dunkel – eine Art Götterferne oder Weltennacht – vorgezogen.

Damit ist die letzte Konsequenz dessen erreicht, was sich im gesamten Zyklus abzeichnet: die Preisgabe jeglicher Form von Sinnzusammenhang, oder, anders ausgedrückt: die Entfremdung von jeglichem vertrauten Hintergrund, eben auch dem metaphysischen. Ausgangspunkt des Entfremdungsprozesses war die Loslösung aus der eigenen, individuellen Verankerung: der Erinnerung an die Zeit der Liebe. Der zweite Schritt vollzog sich auf gesellschaftlicher Ebene als Distanzierung vom bürgerlichen Leben. Hier nun findet auf einer dritten Ebene eine Entfremdung statt: im Verlust von Transzendenz.

Eine weitere Steigerung ist nicht mehr möglich. Der höchste Grad der Illusionslosigkeit ist erreicht. Es gibt keine Zielvorstellung mehr, nichts Vor-Gedachtes, von dem aus sich noch Sinn erschließen lassen könnte. Deshalb kann auch keine erneute Täuschung mehr gelingen. Die Kehrseite dieser Situation ist – wie das Gedicht 'Einsamkeit' ausführt – die Erfahrung einer absoluten Isolation, die sich auf nichts Neues mehr zu öffnen vermag und in der das Ich wie in einem Vakuum nur immer wieder auf sich selbst zurückgeworfen wird. Doch hier endet *Die Winterreise* nicht. Es ist danach zu fragen, ob es einen Gegenentwurf gibt, der über die bloße Ablehnung althergebrachter Sinnfundierungen hinausgeht.

Das Gedicht 'Frühlingstraum' blickt – wie schon gezeigt wurde[68] – noch einmal auf die vorangegangene Wanderschaft zurück und interpretiert diese als eine Geschichte von Enttäuschungen, die eine zunehmende Ernüchterung

68 Ausführlich bespreche ich das Gedicht im Kapitel 'Das Motiv des Herzens', S. 102 ff.

des Ich mit sich brachte. An ihrem Ende steht dessen völlige Isolation, die zum Nachdenken über den Traum anregt:

> Nun sitz' ich hier alleine
> Und denke dem Traume nach.
>
> Die Augen schließ' ich wieder,
> Noch schlägt das Herz so warm.
> Wann grünt ihr Blätter am Fenster?
> Wann halt' ich dich, Liebchen, im Arm?

Diesen Schluß des Gedichts möchte ich noch genauer untersuchen: Das Nach-Denken kann nicht allein als ein Rückzug in die Welt des Traums, als ein Auskosten des Nachgeschmacks von vergangenem Glück verstanden werden. Man kann dieses Nach-Denken auch als das Einsetzen eines kreativen Prozesses betrachten, der – anders als die bisherigen, fehlgeschlagenen Versuche, Halt (im zweifachen Sinne des Wortes) zu finden – nun eine echte, halt-bare Möglichkeit der Distanzgewinnung gegenüber dem Dilemma des Herzens bietet:

Nun ist nach dem Charakter dieses Nach-Denkens zu fragen. Aus der letzten Strophe des Gedichts geht hervor, daß der Wanderer die Augen schließt und mit seiner Konzentration dorthin absinkt, wo – in der Erinnerung an den Traum – "das Herz so warm" "Noch schlägt". Dieser Wendung nach Innen schließen sich zwei zusammengehörige Fragen an, die sich nach genauerer Betrachtung als rhetorische erweisen. Die erste greift das Traumbild der Eisblumen aus Strophe drei auf. Von diesen wünscht sich der Wanderer, daß sie grünen mögen. Das ist ein höchst artifizielles Bild. Liegen die Eisblumen aus Strophe drei – obwohl sie als Bild auch schon ein Oxymoron darstellen – doch immerhin noch im Bereich des real Möglichen, zeigt es sich nun, daß die grünenden "Blätter am Fenster" endgültig der Irrealität angehören. Ebenso muß es sich auch mit dem Inhalt der zweiten Frage verhalten, denn die Stellung beider Fragen am Schluß des Gedichts legt ihre Zusammengehörigkeit nahe. Das Bild von der Vereinigung mit der Geliebten, deren

Trennung bis zu diesem Zeitpunkt längst schon und auf unwiderrufbare Weise vollzogen ist, hat eine gänzlich irreale Note.

Wie läßt sich dann aber die Bedeutung dieser Bilder verstehen, wenn ihre Uneinlösbarkeit so offensichtlich ist? Ich denke, daß es sich hierbei um den Entwurf einer Utopie handelt, einer Utopie, die es dem Ich ermöglicht, indem es in kreativer Weise auf das bildliche Material des Traums zurückgreift, seine verloren gegangene Einheit – wenigstens interimsweise – neu zu stiften. Und so wäre dann das 'Nach-Denken des Traums' zu verstehen: daß nach der Art des Traums Bilder oder besser: sprachliche Gebilde geschaffen werden, welche die Funktion haben, die Gegensätze, die im Erleben des Ich unvereinbar auseinanderklaffen, in Eins zu setzen, ohne deren Spannungsverhältnis zu negieren. Daß dies kein freiwilliger und auch kein müheloser Vorgang ist, zeigt das Gedicht 'Muth!', in dem die Isolation aus 'Einsamkeit' umschlägt in einen trotzigen Nihilismus. Das Konzept des 'Singens', das daraus abgeleitet wird, wirkt bestürzend modern. Denn es entwirft die Utopie eines künstlerischen Schaffens, das sich seiner Unzulänglichkeit stets bewußt bleibt.

> Diese letzte Konzentration der Person auf eine Apotheose des von Bitterkeit getränkten Willens deutet untergründig auf das meisterhafte Schlußbild des 'Leiermann' wie auf die Selbstbestimmung des Wanderers als Sängers der 'Winterreise'.[69]

Mit dem Gedicht 'Muth!' ist, so könnte man sagen, *Die Winterreise* eigentlich schon abgeschlossen. Hier ist ein Prozeß zum Abschluß gelangt, bei dem sich – im Durchgang durch verschiedene Stadien der Desillusionierung – eine neue, nihilistische, Haltung des Ich herauskristallisiert hat. Was will jetzt aber noch das Gedicht vom 'Leiermann', das nicht so recht zu den übrigen Gedichten zu passen scheint und im Leser eine gründliche Irritation hinterläßt? Das nächste Kapitel wird der Frage nach der Bedeutung dieses höchst komplexen Gedichts nachgehen.

---

69 Stoffels, S. 110 f.

2.5. Der poetologische Aspekt in der *Winterreise*: Die Frage nach der Rolle der Kunst

Über das den Zyklus abschließende Gedicht vom 'Leiermann' ist schon viel nachgedacht und – mehr als über alle anderen Gedichte – auch spekuliert worden. Poetologische Deutungen überwiegen bei weitem. Schon Just erklärt den 'Leiermann' in diesem Sinne:

> Die Figur eines Liedes wird zum Begleiter künftiger Lieder: dadurch wird das Gedicht zu einem Gedicht über Dichtung, ja über das Dichten selber, deutet also auf künftige Positionen der Literatur vor.[70]

Darauf antwortet Popp:

> Ein 'Gedicht über Dichtung' (Just) ist der 'Leiermann' dadurch, daß im Auseinandertreten von Dichtung und Dichter, von Lyrik und Sänger, von 'Leiermann' und Ich der Dichter im Bild des Gedichts von der Problematik des Dichtens sprechen kann.[71]

Dem schließt sich Cottrell an:

> In this allusion to the songs of the cycle itself ("Willst zu meinen Liedern / Deine Leier drehn?"), the author injects an ironic comment on his own artistic production, and, in the larger sense, the world of poetry itself.[72]

Auch Günter Hartung erkennt in dem bettelnden Leiermann "lediglich die allegorische Figur für den Inhalt künftiger Lieder."[73] Und Stoffels konkretisiert:

> Der fragende, offene Schluß antizipiert die Verbindung beider (des Leiermanns und des lyrischen Ich) zur gemeinsamen Weiterreise, zugleich die Verbindung von Dichtung und Musik, Lyrik und Lyra. Darin nun liegt eine Schlußreflexion des Dichters über den Sinn und das Ziel seiner Winterreise verborgen: Sie entpuppt sich gerade an ihrem tiefsten Punkt als ein Leidensweg, dessen Stationen zu Liedern

---

70 Just, S. 470.

71 Popp, S. 120.

72 Cottrell (2), S. 65.

73 Hartung, G. (2), S. 78.

werden, dessen existentiell erlebte Situationen sich in beherrschte und artifizielle Bausteine eines Zyklus verdichten.[74]

Eine interessante und modifizierte poetologische und biographische Interpretation unternimmt Gad, indem er der Frage nachgeht: "Welche Vorstellung hat Müller selbst mit dem 'Leiermann' verbunden?"[75] Gad löst das Gedicht aus dem Kontext des Zyklus und entwickelt seine "Hypothese aus der Lektüre der Müllerschen Schriften", die besagt,

> daß der Leiermann einen Gegenentwurf, eine Art Negativbild zu Müllers dichterischem Selbstverständnis in dreifacher Hinsicht darstellt. Ästhetisch steht er in Opposition zum 'Waldhornisten', literarhistorisch zum 'Volkssänger' und biographisch zum Autor Müller selbst.[76]

Während die Monotonie des Leierns in Müllers Werk durchwegs negativ belegt ist, wird die "Eintönigkeit" – die der Waldhornist vertritt – als "etwas Naturgemäßes"[77], Positives aufgefaßt. "Darüberhinaus spielt die Figur des Leiermanns", so Gad, "auf die von Müller entwickelte Vorstellung der Volkssänger an."[78] Die für Müller positiv belegte Figur des Volkssängers[79] findet sich im 'Leiermann'-Gedicht "in makabrer Verzerrung wieder"[80]:

> Der elende Leiermann kann als nordisches Gegenbild zu jenem im Süden noch verbreiteten Volkssänger verstanden werden. So wie für den Italienreisenden das Ziel jene Volkssänger waren, findet der Winterreisende seinen Fluchtpunkt im Leiermann. In diesem Sinne ist die Winterreise eine italienische Reise unter verkehrten Vorzeichen.[81]

Schließlich steht der "wortlose, musizierende Leiermann (...) in auffälliger Opposition zu dem Dichter Müller selbst."[82] Gad deutet das 'Leiermann'-

---

74 Stoffels, S. 111.

75 Gad, S. 183.

76 Gad, S. 183.

77 Müller (11), Bd. 4, S. 183.

78 Gad, S. 185.

79 Vgl. Müller (11), Bd. 5, S. 8 f.

80 Gad, S. 186.

81 Gad, S. 186.

82 Gad, S. 187.

Gedicht als Reflexion über die Möglichkeit einer Erneuerung des Volkslieds:

> Wie lassen sich die alten Formen mit neuem, aktuellem Inhalt füllen? Der Leiermann kann als projiziertes Umkehrbild Müllers verstanden werden. Des einen Vermögen ist des anderen Makel. Während der alte Leiermann im Abseits steht, ist der Hofbibliothekar jung verheiratet und setzt zu einer beachtlichen Karriere an (...) – bei aller Differenz bleibt eine Übereinstimmung auffällig: sowohl der Leiermann als auch der Dichter Müller selbst befinden sich in Abhängigkeit vom Publikum, bleiben auf die Almosen der Zuhörer angewiesen. Im Falle des Volkssängers waren Erfolg und Mißerfolg seines Vortrags unmittelbar anschaulich; Müller konnte diese nurmehr mittelbar an Verlegerinteresse und Absatz ablesen. Das Ideal der Popularität, die Publikumszugewandtheit des Dichters, die doch eine Folge seiner Begeisterung für Volkspoesie waren, lieferte ihn unter den veränderten Bedingungen gnadenlos der Willkür des Buchmarkts aus.[83]

All diese Deutungen haben ihre Berechtigung und fließen in dem vielschichtigen Gedicht des Leiermanns zusammen. Mit der nun folgenden Interpretation versuche ich, noch einen zusätzlichen Blickwinkel einzuführen. Ich bin überzeugt davon, daß sich die Bedeutung der Figur des Leiermanns aus dem Gedicht selbst erschließen läßt und daß der Begriff des 'Leierns' nicht von vornherein identisch ist mit jenem innerhalb des Müllerschen Werks. Die sonst eher umgangssprachlich verwendete Bezeichnung erhält in vorliegendem Gedicht eine ganz selbständige ästhetisch-poetologische Bewertung.

Ich wage mich nur mit großer Vorsicht an die Interpretation des Gedichts heran. Bevor auch ich mich zu themenübergreifenden Schlußfolgerungen hinreißen lasse, möchte ich einige Überlegungen über sein Verhältnis zu den übrigen Gedichten im Zyklus sowie eine detaillierte Analyse, insbesondere der ersten vier Strophen, vorausschicken.

'Der Leiermann' wirkt wie angehängt an den übrigen Teil der Gedichte. Er greift zwar bereits bekannte Themen wieder auf, wie die Motive des Winters, der Kälte, der Hunde und der gesellschaftlichen Entfremdung und Isolation. Aber dennoch wirkt das Gedicht grundsätzlich ganz anders. Wo

83 Gad, S. 187 f.

liegen die Unterschiede? Man hat zunächst den Eindruck, als hätte dieses Gedicht mit dem Ich der *Winterreise* nicht mehr viel zu tun. Erst die fünfte Strophe zeigt, daß dieses immer noch gegenwärtig ist und irgendetwas mit dem 'Leiermann' gemeinsam haben muß. Aber es kommt keine völlige Identifikation zustande. Das ist eine neue Perspektive. Denn wurde in den vorangegangenen Gedichten eine äußere Situation immer auf die innere Situation des Ich bezogen, so bleibt hier bis zum Schluß eine Distanz zum angeschauten Objekt gewahrt. Das Ich steht zum ersten Mal wirklich vor etwas, es ist nicht mehr involviert. Dies ermöglicht es ihm auch – wie die fünfte Strophe zeigt –, nicht unter Zwang, sondern aus freier Entscheidung zu handeln. Zugleich bewirkt diese Distanz ein Heraustreten aus dem inneren Monolog: der 'Leiermann' ist der erste Mensch, den der Wanderer auf seiner Reise anspricht; es ist auch sein erster positiver Versuch, sich einem anderen anzuschließen.[84] Wer ist dieser andere? Welches ist die Welt, für die der 'Leiermann' einsteht?

Ich beginne mit der Textanalyse. Doch vorab das Gedicht:

Der Leiermann.

Drüben hinter'm Dorfe
Steht ein Leiermann,
Und mit starren Fingern
Dreht er was er kann.

Baarfuß auf dem Eise
Schwankt er hin und her;
Und sein kleiner Teller
Bleibt ihm immer leer.

Keiner mag ihn hören,
Keiner sieht ihn an;
Und die Hunde brummen
Um den alten Mann.

---

84 Zuvor war er zwar schon dem Köhler begegnet, aber über ein etwaiges Gespräch mit diesem gibt das Gedicht 'Rast' keine Auskunft.

Und er läßt es gehen
Alles, wie es will,
Dreht, und seine Leier
Steht ihm nimmer still.

Wunderlicher Alter,
Soll ich mit dir gehn?
Willst zu meinen Liedern
Deine Leier drehn?

'Der Leiermann' wirkt vor allem durch seine große Musikalität. Zahlreiche Alliterationen, Assonanzen, Binnenreime und Nachklänge legen ihm in einzigartiger Weise ein Geflecht lautlicher Bezüge zugrunde. Kein anderes Gedicht im Zyklus ist so sehr musikalische Komposition wie dieses. Zu dem lautlichen Bezugssystem tritt – als formales Äquivalent zur Eintönigkeit der Leiermusik – ein gleichmäßig trochäisch fließender, monotoner Rhythmus hinzu, der als Grundmelodie ganz in den Hintergrund rückt und so den Klangelementen ein größtmögliches Maß an Entfaltung erlaubt.

Die augenfälligsten Bezüge will ich kurz darstellen: Strophe eins erhält ihre klangliche Intensität besonders durch die Anklänge des Konsonanten "d" ("Drüben", "Dorfe", "Dreht"), das zweimal anlautende scharfe "st" ("Steht", "starren") und den Binnenreim von "Steht" und "Dreht". Außerdem besteht eine lautliche Nähe zwischen den Wörtern "hinterm" und "Fingern". Die "a"-Assonanzen, in Strophe eins begonnen ("Leiermann", "starren", "was", "kann"), werden in Strophe zwei weitergeführt ("Barfuß", "schwankt") und bilden so eine Art Gelenkstelle zwischen beiden Strophen. Im zweiten Teil der zweiten Strophe treten die "ei"-Assonanzen gehäuft auf ("Eise", "sein", "kleiner", "Bleibt"), die noch aus Strophe eins im Gehör nachklingen ("ein Leiermann"). Eine zusätzliche Aufladung bewirken hier auch die "l"-Assonanzen ("kleiner", "Teller", "Bleibt", "leer"). Die Alliteration von "Barfuß" und "Bleibt" ist nur eine kleine Auffälligkeit am Rande. Der doppelte Einsatz des Wortes "Keiner" zu Beginn der ersten beiden Verse von Strophe drei führt nicht nur das "ei"-Thema – als Überleitung von Strophe zwei nach Strophe drei – weiter, sondern reimt auch auf "kleiner" aus Strophe zwei. Die hier gehäuft auftauchenden "i"-Assonanzen treten in ihrer Wirkung etwas zurück, sie bleiben ein Hintergrundthema ("ihn", "sieht", "ihn", "die" bzw. in III: "hin", "ihm immer"). Dagegen treten im zweiten Teil der dritten Strophe die dunklen "u"-Assonanzen verstärkt in den Vordergrund; in ihrer Verbindung mit den Konsonanten "m" und "n" haben sie eine besonders suggestive Kraft ("Und", "Hunde", "brummen", "Um"). In diesem Zusammenhang ist das Funktionswort "und" zu erwähnen. Es ist bedeutungsgeladen durch seine Häufigkeit im Gedicht und fügt wie das immer wiederkehrende Glied einer Kette die ersten vier Strophen nahtlos ineinander. Diese erhalten dadurch gewissermaßen die Geschlossenheit eines Systems. Insgesamt taucht das Wort "und" sechsmal auf, einmal klingt es zudem in "Hunde" an, ein weiteres Mal noch ganz versteckt in "Wunderlicher". Strophe vier knüpft an das "u"-Thema aus drei an und wirkt darüber hinaus durch häufige "l"-Assonanzen, die dreimal sogar gedoppelt auftreten ("läßt", "Alles", "will", "Leier", "still"). In "Alles" klingt "alten" aus Strophe drei nach. Die Wortverbindung von "ihm nimmer" reimt noch entfernt auf "ihm immer" in Strophe zwei. Den Binnenreim von "Dreht" und "Steht" gibt es schon einmal in Strophe eins, ebenso wie das Wort "Leier", das noch ein drittes Mal in der fünften Strophe erscheint. Dort schließlich, in Strophe fünf, wird das Thema der "l"-Assonanzen aus Strophe vier weitergeführt ("Wunderlicher Alter", "Soll", "Willst", "Lieder", "Leier"). "Alter" wirkt zurück auf "Alles" in Strophe vier und "alten" in Strophe drei. Die "ei"-Assonanzen rufen das "ei"-Thema wieder ins Gedächtnis zurück, wobei die Wörter "meinen" und "Deine" einen reimlichen Rückbezug herstellen zu "seine" in der vierten und "Keiner" in der dritten Strophe. Der vorherrschende Vokal ist in dieser Strophe das "i". Unterschwellig war er bereits in den anderen Strophen präsent, kommt aber erst hier ganz zur Entfaltung ("Wunderlicher", "ich mit dir", "Willst", "Liedern"). Das Pronomen "ich" ist versteckt schon im Wort "Wunderlicher" enthalten.

So viel zur Illustrierung der Tatsache, daß 'Der Leiermann' in kompositorischer Hinsicht ein überaus kunstvolles Gebilde ist. Doch ist diese – musikalische – Ebene nicht die einzige des Gedichts. Sie dient freilich zur formalen Untermauerung des inhaltlichen Aspekts. Auch hier geht es um eine Form von Musikalität, die ihren ganz eigenen Charakter hat. Dieser ist genauestens zu untersuchen, bevor Rückschlüsse auf den Wanderer gezogen werden können. Ich habe bereits gezeigt, daß das Anknüpfungswort "und" die ersten vier Strophen des Gedichts untereinander verfugt und ihnen so die Geschlossenheit eines Systems verleiht, zu dem sich die fünfte Strophe, trotz anderer lautlicher Bezüge, in Distanz verhält. Es ist die Distanz, die zwischen dem Ich des Gedichts und dem Leiermann besteht – trotz augenscheinlicher Gemeinsamkeiten, die ein Aufeinander-Zugehen beider erlauben. 'Der Leiermann' verkörpert eine kreisförmig in sich geschlossene musikalische Welt, zu der sich das Ich in Strophe fünf fragend in Beziehung setzt. Wie verhält es sich nun mit dieser musikalischen Welt des Leiermanns?

Die erste Strophe präsentiert den Leiermann als einen Menschen, der in einer nicht mehr zu verschärfenden Weise außerhalb des sozialen Gefüges steht: er ist "ein outcast wie der Wanderer"[85], ein Bettler zudem, der – da er nicht innerhalb des Dorfes bettelt – auch als ein Heimatloser zu betrachten ist. Er befindet sich in zweifacher Distanz: nicht nur steht er "hinterm Dorfe"; das Wort "Drüben" weist außerdem auf die Entfernung hin, die zum Betrachter (dem Lyrischen Ich) besteht. An diesem Stand-Ort dreht er seine Leier – ein Verhalten, das äußerst befremdlich anmutet, da es nicht sichtbar auf ein Publikum bezogen ist. Aber merkwürdig ist diese Tätigkeit auch noch in anderer Hinsicht: Der relative Satzanschluß im vierten Vers der Strophe müßte sich korrekterweise auf ein Akkusativobjekt beziehen. Da ein solches fehlt, bezieht man ihn auf das Prädikat des Satzes. Dem Verb "Dreht" kommt so eine iterative Bewegung zu. Man liest: Der Leiermann dreht, was immer er kann. Betont wird dadurch der unvermeidliche Vorgang des Leierdrehens, der umso befremdlicher wirkt, als das Augenmerk allein auf den rein mechanischen Aspekt dieser Tätigkeit gerichtet ist. Von einer Melodie ist, auch im weiteren Verlauf des Gedichts, nirgends die Rede, obzwar sie im Rhythmus stets gegenwärtig ist. Wenn man zudem das Gewicht auf das Verb "kann"

85 Frank (2), S. 139.

legt – und so den Charakter des Könnens hervorhebt –, bekommt das Verb "Dreht" etwas Ausschließliches: Das Drehen der Leier ist dann das einzige, das der Leiermann kann. Und dies kann er nur, insoweit es ihm die vor Kälte "starren Finger( )" erlauben. Die hier dargestellte Verbindung von Starre und Bewegung zeigt sich auch in der Reimverknüpfung von "Steht" und "Dreht", die die beiden Aspekte in Eins zusammenfaßt. Drehen und Stehen sind aufeinander bezogen, bedingen einander. Entscheidend ist, daß dieser Doppelaspekt von Starre und Bewegung konstitutiv ist für das Wesen einer monotonen Musikalität wie der hier thematisierten. Auch Strophe zwei stellt, nun variiert, im Bildmaterial des Winters, diesen Bezug dar. Der erste Doppelvers setzt dem Motiv der Kälte, das in den "starren Fingern" schon angedeutet war, einen neuen Akzent. Man erfährt, daß der Leiermann "Baarfuß auf dem Eise / Schwankt". Die Berührung mit dem Winter, die hier zum Ausdruck kommt, ist extremer als alle bisherigen. Zwischen der nackten Haut der Füße und der kalten Eisdecke gibt es keinen Schutz. Die Kälte kann unmittelbar in den Körper eindringen. Die Bewegung des Hin-Und-Her-Schwankens erweckt denn auch den Eindruck von Steifheit, so, als hätte sich der Frost zwischen den Fingern und den Füßen breit gemacht. Es ist kein Warmstrampeln. Eher rührt es von dem Drehen der Leier her und ist an diese Bewegung gekoppelt. Schwanken evoziert auch die Vorstellung von Labilität und Schwäche. Jemand, der schwankt, steht nicht fest auf dem Boden.

Im folgenden wird die hier zum Ausdruck kommende soziale Not und Hilflosigkeit des Bettlers von einer weiteren Perspektive beleuchtet. In den Versen II,3 – III,2 erscheint die absolute Isolation des Leiermanns auch als eine von außen bedingte, die – wie das mühelos anknüpfende "Und" suggeriert – vom Betrachter paradoxerweise als eine logische Folge der Situation des Leiermanns empfunden wird: Denn nicht, wie zu erwarten gewesen wäre, begegnen dem Leiermann Mitleid und menschliches Entgegenkommen, sondern vollständige Gleichgültigkeit. Weder wird ihm ein Almosen gegönnt, noch schenkt ihm jemand sein Gehör oder auch nur einen Blick. Ohne diese zwischenmenschlichen Bezüge wirkt der Leiermann, als befände er sich in einem Vakuum. Es öffnet sich ihm kein Weg mehr nach außen. Seine

Heimatlosigkeit ist unaufhebbar. Auch aus diesem Grund bleibt seine Tätigkeit völlig selbstzentriert; sie hat asozialen Charakter. Der Leiermann selbst wirkt deplaziert, ver-rückt. Der weitere Verlauf des Gedichts bis einschließlich Strophe vier konzentriert sich nur noch auf das Wesen dieser auf sich selbst zurückgeworfenen Handlungsweise. Das Thema der gesellschaftlichen Isolation rückt dagegen in den Hintergrund.

Der zweite Doppelvers von Strophe drei knüpft wieder mit einem "Und" an und legt nahe, daß eine Beziehung zwischen dem gesellschaftlichen Desinteresse und dem Verhalten der Hunde besteht. Diese Hunde, die bislang in der Forschung (soweit ich sehen kann) in erster Linie als Objekte der Bedrohung interpretiert wurden – und so in die Reihe der den Leiermann ausgrenzenden Kreatur gestellt wurden –, haben in diesem Zusammenhang noch eine genauer zu überprüfende Valenz. Zunächst ist festzustellen, daß es sich vermutlich um herrenlose, heimatlose Hunde handelt, da sie frei herumlaufen und nicht an das Dorf gekettet sind. In dieser Weise haben sie etwas mit dem 'Leiermann' gemeinsam. Zugleich sind sie bedrohlich. Cottrell bemerkt zu Recht, daß ihnen in ihrer traumähnlichen Beschaffenheit etwas Unvorhersehbares anhaftet[86]: Man weiß nicht, wie sie reagieren werden. Doch haben sie noch eine andere und für den Kontext des Gedichts, wie ich meine, entscheidendere Bedeutung. Wie auch im Gedicht 'Im Dorfe' zeigen sie durchaus ambivalente Züge, womit sie die Uneindeutigkeit der Figur des Leiermanns unterstreichen: In dem Verb "brummen" steckt mehr als nur ein bedrohliches Element. Brummen[87] ist zugleich etwas sehr Melodiöses, wie dies auch die klangliche Intensivierung des Doppelverses deutlich hervorhebt ("<u>Un</u>d die H<u>un</u>de br<u>umm</u>en / <u>Um</u> den alten <u>M</u>a<u>nn</u>"). Dieses Brummen ist zudem etwas Kreisförmiges ("brummen / Um"), so daß die Hunde die Bewegung der Drehleier auf ihre Weise mitzuvollziehen scheinen. In diesem Aspekt des Bildes leuchtet ein äußerst irreales Moment auf. Das Um-

---

86 Cottrell (2), S. 64.

87 Schubert hat das Verb "brummen" in "knurren" umgeändert und dem Gedicht dadurch eine wesentliche Bedeutungsebene genommen.

Brummen hat etwas Artifizielles, Hunde-Untypisches an sich. Es gleicht einem Dressurakt oder einer Verzauberung. Man hat den Eindruck, an dieser Stelle des Gedichts springt etwas über. Hier kommt ein die Wirklichkeit veränderndes und transzendierendes Moment hinein.

An dieses Moment knüpft die vierte Strophe wiederum mit einem "Und" lautlich und vorgeblich logisch an. Alle Konkreta weichen nun einem diffuseren Allgemeinen. Die Konturen der bisherigen Handlung des Gedichts lösen sich auf in reine Bewegung. Diese verselbständigt sich zum Automatismus, in den das Ich nicht mehr aktiv einzugreifen vermag – so, als stünde es unter einem Bann. Der 'Leiermann' gibt seinen Willen an ein anonymes Subjekt ("es") ab, das nicht näher definiert wird, und schließt sich diesem gleichgültig an: "Und er läßt es gehen / Alles, wie es will". Dieser Satz entbehrt jeglicher Konkretion. Was "es" und "Alles" sein soll, liegt außerhalb der Reichweite möglicher Deutungen. Rückschlüsse lassen sich hier nur noch aus der grammatikalischen Anordnung der Strophe ziehen. So kann man sagen, daß in Vers eins der 'Leiermann' noch das Subjekt des 'Gehen-Lassens' ist, ab Vers zwei als Subjekt aber schon nicht mehr vorkommt. Hier hat sich das Objekt aus Vers eins in den Vordergrund gedrängt ("Alles") und beherrscht als Subjekt den Nebensatz ("wie es will"). Im dritten Vers ist die bloße Tätigkeit des 'Gehen-Lassens' als Bewegung verabsolutiert ("Dreht"), gleichzeitig wird die "Leier" als grammatikalisches Subjekt des Satzes eingesetzt. In Vers vier schließlich ist der Leiermann zum Objekt der "Leier" degradiert: es liegt nicht mehr in seiner Macht, die Drehbewegung zu unterbrechen: die "Leier / Steht ihm nimmer still". Was sich hier auf grammatikalischer Ebene ereignet, ist, was in dem Begriff des 'Gehen-Lassens' als Bedeutungsnuance schon anklingt: die Einwilligung in einen Verlust. Dem Leiermann entgleitet an dieser Stelle seine Identität. Die Tätigkeit des Leierdrehens hat sich von ihrem ursprünglichen Zweck wie auch aus den Umständen, durch die sie bedingt ist, gelöst. Sie hat in ihrer Selbstbefangenheit weder einen Ausgangspunkt noch ein Ziel.

Nachdem nun die genaue Analyse der ersten vier Strophen dieses Ergebnis erzielt hat, stellt sich die Frage, was den Wanderer veranlaßt, sich diesem

'Leiermann' zuzuwenden. Wodurch wird der 'Leiermann' zur Identifikationsfigur für den Wanderer? Bevor ich diese Frage beantworte, will ich auch die fünfte Strophe detailliert betrachten. Das erste, was sich sagen läßt, ist folgendes: Indem der Wanderer die "extrem abseitige, unerhörte Figur"[88] des Leiermanns überhaupt anspricht, tut er etwas, das sonst niemand tut.[89] Er durchbricht das Vakuum, in dem sich der Bettler befindet. Im Unterschied zu denen, die ihn nicht sehen und nicht hören wollen und ihn so sich selbst überlassen, bietet er ihm sein Entgegenkommen, seine Hilfe an. Das ist ein Akt der Humanität. Welcher Art aber ist dieses Entgegenkommen? Was heißt denn Mit-Gehen ("mit dir gehn")? Zunächst geht der 'Leiermann' selbst doch gar nicht, er "Steht" dort "Drüben hinterm Dorfe". Das Angebot des Mit-Gehens muß also auf etwas Zukünftiges gerichtet sein. Heißt Mit-Gehen dann, daß der Wanderer mit ihm zusammen von Dorf zu Dorf betteln gehen will? Oder nimmt das Verb "gehn" Bezug auf die Tätigkeit des Bettlers in Strophe vier ("er läßt es gehen") und soll bedeuten, daß auch der Wanderer "es gehen" lassen will? Was wäre dies aber für eine merkwürdige Hilfe, die dort angeboten wird? Worin besteht die hier intendierte Solidarität von Bettler und Wanderer? Der zweite Doppelvers wird konkreter. Dort ist von "Liedern" die Rede. Das ist ein ganz neues Element im Zyklus. "Lieder" bringt der Wanderer offensichtlich mit; sie bietet er dem "Alten" zur Begleitung mit der "Leier" an. Damit kommen zwei Dinge zusammen, die klassischerweise das Wesen von Lyrik ausmachen: Musik und Wort, "Leier" und Gesang.

Spätestens an dieser Stelle wird deutlich, daß im Gedicht auch von Kunst gesprochen wird, und zwar von Dichtkunst. Das ist die poetologische Ebene des Gedichts. Von hier aus wird 'Der Leiermann' erst zu einem "Gedicht über Dichtung".[90] Denn dieser 'Leiermann' entpuppt sich jetzt im Rückblick als

---

88 Stoffels, S. 101.

89 Auf den soziologischen Aspekt des Gedichts hat Wulf Kirsten hingewiesen. Er deutet den Leiermann als "Sinnbild des Künstlers in einer kunstfeindlichen Welt (...), die ihn zum Almosenempfänger erniedrigt". Vgl. Kirsten in seinem Nachwort zu Müller (9), S. 276.

90 Just, S. 470.

eine Orpheusfigur[91] , die – verglichen mit dem mythologischen Orpheus – in höchstem Maße pervertiert erscheint. Die Lyra ist zum mechanischen Apparat der Drehleier verkommen, die von ihrem Gott nicht mehr virtuos beherrscht wird, sondern die im Gegenteil ihren Gott beherrscht. Dieser Gott selbst ist zudem kein begnadeter Sänger mehr, sondern eine unter dem Druck seiner Not sprach-los gewordene Kreatur. Die Kunst selbst, die Leiermelodie, vermag zwar noch die Hunde zu beschwören, aber sie erreicht kein Publikum mehr. Ihre Gemeinschaft stiftende Kraft hat sie verloren. Die soziale Kluft bleibt unüberbrückbar; auch nicht der Anschein eines paradiesischen Friedens stellt sich ein. Der Drehleier-Orpheus ist vielmehr eine tragische Figur wie derjenige, der die Fahrt in die Unterwelt längst hinter sich hat und in einsamer Trauer über den unwiderruflichen Verlust der Geliebten Eurydike sein glückloses Leben fristet.

Hält man sich diesen Sachverhalt vor Augen, so wird klar, daß der 'Leiermann'-Orpheus zu eben jenen Göttern gehört, von denen das vorangegangene Gedicht gesprochen hat: "Will kein Gott auf Erden sein, / Sind wir selber Götter." Aus dieser Schlußsequenz des Gedichtes 'Muth!' erschließt sich auch die Verbindung von Wanderer und 'Leiermann'. Beide gehören sie einem Kollektiv von Künstlern an, die ihre im Doppelsinn des Wortes: ab-geschlossene schöpferische Welt einer anderen fragwürdig und brüchig gewordenen entgegensetzen. Was beide innerlich verbindet: die Ursache und der Modus ihres Schöpfertums, kann eine Reihe von Parallelen, die sich aus der Analyse der Gedichte 'Muth!' und 'Der Leiermann' ergeben haben, aufzeigen.[92] Diese will ich hier in aller Kürze zusammenfassen: Beider Situation ist gekennzeichnet durch das Erlebnis der Entfremdung gegenüber der Gesellschaft, für das die Jahreszeit des Winters ein bildliches Äquivalent liefert. Der daraus resultierenden schmerzhaften Isolation und dem drohenden Ichverlust wird mit einer Tätigkeit begegnet, die sich unter dem Zwang der

91 Zur Figur des Orpheus vgl. Hunger, Herbert (Hrsg.): Lexikon der griechischen und römischen Mythologie, 5. erweiterte und ergänzte Auflage, Wien 1959, S. 255-59.

92 Vgl. hierzu die ausführliche Interpretation von 'Muth!' im Kapitel 'Das Motiv des Herzens', S. 92 ff.

Wiederholung zum Automatismus verselbständigt. Diesem liegt eine Musikalität zugrunde, die monotonen Charakter hat.

Insgesamt gesehen hat dieser Vorgang offensichtlich etwas zutiefst Unfreiwilliges an sich. Eben deshalb erlaubt er es kaum im eigentlichen Sinn von 'Kunst' zu sprechen. Von künstlerischer Formgebung, vom Prozeß dichterischer Imagination ist auch konsequenterweise nirgends die Rede. Erst der zweite Doppelvers in der letzten Strophe vom 'Leiermann' legt, indem er von "Liedern" spricht, den Aspekt von Kunst nahe. An diesem Punkt offenbart sich der wesentliche Unterschied zwischen dem Wanderer und dem 'Leiermann'. Während dieser in der Ausführung einer sinnlos erscheinenden, mechanischen und monotonen Bewegung befangen ist, öffnet sich jenem durch die Begabung der Sprache ein Weg nach Außen. Mittels der Lieder kann er Distanz gewinnen und aus seiner Isolierung heraustreten.

An diesem Umstand kann nun auch die Frage ansetzen, worin denn die Hilfe des Wanderers konkret besteht, wie sein Entgegenkommen zu deuten ist.

Läßt man die allegorische Ebene noch für einen Augenblick beiseite und verweilt bei dem 'Leiermann' als einem Bettler, so besteht die Hilfe des Wanderers darin, daß er die soziale und individuelle Not, die jenen in sich selbst zurückschraubt, im Medium der Dichtung mitteilbar macht. Bezogen auf die Figur des Orpheus, öffnet dieser Aspekt noch eine weitere, poetologische Bedeutungsebene: Indem der Wanderer dem 'Leiermann' seine Begleitung anbietet und ihm seine Lieder zur Verfügung stellt, begabt er den verstummten Orpheus mit seiner Stimme. D.h. in übertragenem Sinne, er hält der Dichtkunst, für die der 'Leiermann' einsteht, die Treue – obwohl oder gerade weil sie nicht mehr das Lob der Schöpfung, sondern nurmehr die Klage über einen unwiderbringlichen Verlust zum Ausdruck bringen kann. Es kommt also nicht mehr darauf an, daß Orpheus schön singt, sondern daß er wahr singt. Das ist, was die Kunst leisten kann und leisten soll.

An dieser Stelle möchte ich auf die Interpretation von Gad zurückkommen: Müllers Reflexionen über die Möglichkeit einer Erneuerung des Volkslieds sind hier tatsächlich ins Bild gebracht. Der Leiermann als depotenzierte Orpheusfigur ist Sinnbild für die Dichtung in 'dürftiger Zeit', wie es auch die Zeit Müllers unter Metternich war. Dichtung für Müller ist gleichbedeutend mit Volksdichtung. Daß aber das bloße Nachahmen alter, überlieferter Formen kein adäquates Ausdrucksmittel für die veränderte gesellschaftliche Wirklichkeit sein konnte, hat Müller oftmals moniert: "Keiner Dichtungsart liegt es mehr ob als der lyrischen, zeitgemäß zu sein."[93] In der *Winterreise* hat Müller diese Zeitgemäßheit erreicht; er hat sie zugleich als Thema dichterisch umgesetzt und reflektiert.

> Der Reflexionscharakter der Müllerschen Lyrik ist in 'Der Leiermann' exemplarisch verdichtet. Das Thematische – der Vermittlungsversuch zwischen Alt und Neu – ist in der Form antizipiert, wie umgekehrt jene Form ins Thematische zurückschlägt.[94]

Daß Müller damit an die Grenze des für die Volkspoesie Möglichen stößt, ist deutlich zu spüren. Die Diskrepanz zwischen der Form des Volkslieds und einer modernen nihilistischen Welterfahrung ist evident. Daraus aber Resignation oder Zweifel an seiner dichterischen Schaffenskraft ablesen zu wollen, halte ich für verfehlt.[95] Die Poesie ist immer Sinn in sich selber. Der Wanderer der *Winterreise* offenbart, indem er von "meinen Liedern" spricht, sein dichterisches Selbstverständnis.

Das Bekenntnis zur Lyrik, über das der Wanderer sich am Ende seiner *Winterreise* definieren kann, ist zugleich ein Bekenntnis, das über das Schlußgedicht hinausgreift. Hier kommt das Lyrische Ich in der Rolle des Autors der Lieder mit ins Spiel. Seine offen ausklingende Frage hat die Funktion eines Bindegliedes, das auf den Anfang des Zyklus zurückverweist und einen Neueinsatz ermöglicht – vergleichbar etwa dem Wiederholungszeichen oder dem Zusatz 'da capo al fine' in einer musikalischen Komposition. Durch diesen Kunstgriff schließt sich der Kreis der Lieder erst eigentlich und weist sich als einheitlicher Zyklus aus. Von hier aus wird auch

---

93 Müller (11), Bd. 4, S. 106.

94 Gad, S. 189.

95 Diesen Zusammenhang legt Wetzel an verschiedenen Stellen seines Aufsatzes nahe. Vgl. Wetzel (2), S. 162 f., S. 166 f.

der gesamte Zyklus erst zum Kunstwerk erklärt. Er ist keine bloße Selbstaussage mehr, sondern erhebt den Anspruch künstlerischer Intention.

2.6. Schlußbemerkung: Entfremdung – Erstarrung – Fixierung

Aus den Ergebnissen, die die Interpretation von 'Der Leiermann' zutage gefördert hat, lassen sich eine Reihe von Schlußfolgerungen ableiten, die nachträglich eine erhellende Einsicht in den Liedercorpus der *Winterreise* gewähren. Ich habe gezeigt, daß 'Der Leiermann' in zweierlei Hinsicht ein poetologisches Gedicht ist: erstens reflektiert es durch den Rekurs auf den Orpheus-Mythos über die Dichtkunst per se; zweitens spricht es, indem es auf den Anfang des Zyklus' zurücklenkt, von den ganz konkreten "Liedern" der *Winterreise* im Besonderen.

Unter dieser Perspektive erscheinen alle Schrift-, Schreib- und Zeichenmotive innerhalb des Gesamtzyklus in einem neuen Licht. Man erkennt, daß ihnen ein ganz eigenes Thema: das der Verschriftlichung bzw. der Fixierung von Erfahrung zugrunde liegt. Dabei werden zwei miteinander korrelierende Grundimpulse sichtbar: Der erste ist der Versuch, die Welt, wie sie sich dem Ich zeigt, in ihren Fragmenten zu entziffern, zu entschlüsseln – als wäre sie selbst nicht die Wirklichkeit, sondern als läge die Wirklichkeit in ihr verborgen. Es ist ein Akt der Dechiffrierung. Die ihm zugrunde liegende Landschaft erhält dadurch Zeichencharakter; sie trägt ihren Sinn nicht mehr allein in sich. Der zweite Grundimpuls ist derjenige der Chiffrierung von vergangenen Erfahrungen, der sich im Akt des Schreibens manifestiert. In beiden Fällen handelt es sich um den Versuch der Wirklichkeitsgewinnung. Im ersten wird ein Bild – als Fragment eines größeren Ganzen – auf eine ihm zugrunde liegende Wirklichkeit hin befragt. Im zweiten Fall wird eine zurückliegende, erinnerte und aus der Distanz gesehene Erfahrung in ein Bild – welches wiederum als pars pro toto fungiert – umgewandelt, um so quasi wiedergewonnen, stabilisiert zu werden.

Dieser wichtige Gesichtspunkt, der die Sprache der vorliegenden Gedichte nachhaltig beeinflußt, ist von verschiedenen Seiten aus der einen oder anderen

Perspektive zwar festgestellt, niemals aber in befriedigender Weise auf seine Funktion im Zyklusganzen hin überprüft worden.

So führt Cottrell das Schreiben eigens als ein Motiv des Zyklus ein. Im Rahmen der Betrachtung des Gedichtes 'Gute Nacht' bemerkt er:

> The act of writing the love-message on the gate is an attempt to preserve as outward symbol a proof of an affection which is no longer an unquestioned inner reality. This motiv of writing will recur during the cycle and represents a phase in which the question of the bond of love has already become highly problematical.[96]

Bezüglich des Gedichts 'Erstarrung' heißt es weiter:

> That the boy feels impelled to preserve a tangible token of his lost joy is in keeping with the psychological-existential crisis of the cycle. Reality has been rent into two extremes and now presents itself to the lyrical "I" only in one of two forms: as the powerful surge of emotion or as the rigidity of death (symbolized by the wintry landscape).[97]

Was Cottrell hier richtig und einfühlsam hervorhebt, ist das Auseinanderdriften der inneren und äußeren Realität des Ich, ein Prozeß, in dem das Schreiben die Funktion erfüllt, sich des Verlorenen rückzuversichern. Doch mit dieser rein psychologischen Feststellung läßt es Cottrell leider bewenden. Wie tief sich die Diskrepanz im Erleben des Ich auch in der lyrischen Sprache der *Winterreise* niederschlägt, führt er nicht aus.

Diesem Gesichtspunkt kommt Hörisch zwar etwas näher mit der Bermerkung:

> Alles spricht, schreibt, tut kund und ist bedeutend – aus dem, der im Vorübergehen eine Botschaft ans Tor schrieb, wird schon im zweiten Lied einer, der überall Zeichen gewahrt und nichts als nicht bedeutend erfahren kann:[98]

Doch scheint mir dieser Befund ganz schlicht auf das Problem der Distanz des Erlebenden zum Erlebnis hinzuweisen, wodurch naturgemäß auch die sprachliche Formulierung beeinflußt wird.

---

96 Cottrell (2), S. 37.

97 Cottrell (2), S. 38.

98 Hörisch, S. 53.

Für die von Müller verwendete poetische Technik führt Gad den Begriff "emblematisch"[99] ein. Und Stoffels bezeichnet das "Verhältnis des Dichtens zu seinen Gegenständen als eine reflektierende Verichlichung"[100] oder auch als "metaphorisches Sprechen":

> Das Wesen des metaphorischen Sprechens könnte man als das 'Hineinziehen in die Sphäre des Ich' bezeichnen; die subjektive Deutung macht den Gegenstand zu einem Teil seiner selbst und seiner Gedankenwelt.[101]

Den ergiebigsten und ausführlichsten Ansatz liefert Popp, dessen Ausführungen ich hier kurz darstellen will. Popp bemerkt gleich zu Beginn seiner Betrachtungen zur *Winterreise*, daß Wilhelm Müller hier darum bemüht sei, das "spielerisch-dialektische Verhältnis von Dichtung und Wirklichkeit (...) unmittelbar in der Formung der Einzelgedichte" zu fassen.[102] Dabei fällt Popp "zunächst das Vordrängen der winterlichen Natur in einer Fülle von scharf gezeichneten Bildern auf." Die Natur erscheine, so Popp weiter,

> als der dominante Gegenstand des lyrischen Sprechens. Aber gerade aus der Dominanz der naturhaften Bilder erwächst auch die Problematik des lyrischen Sprechens: denn diese entstehen nicht als reine Abbildungen der Natur (...), aber auch nicht als bloße Metaphern einer nach außen projizierten individuellen Erfahrung, sondern sie sind in einem Zwischenbereich zwischen Naturanschauung und Ich-Erfahrung angesiedelt.[103]

Die Definition, die Popp hier vornimmt, entspricht genau der Begriffsbestimmung der Allegorie[104]:

> Ein allegorischer Text erlaubt zugleich zwei Deutungen und zwar zwei systematisch an allen relevanten Textelementen durchgeführte

---

99 Gad, S. 119: "Die Arbeitsstellung des lyrischen Ich wird eben nicht nur behauptet, sondern in der 'denaturierten' Bildlichkeit anschaulich gemacht. Literaturhistorisch weist solche Tendenz auf die emblematische Struktur der Barockliteratur zurück."

100 Stoffels, S. 126.

101 Stoffels, S. 132.

102 Popp, S. 96.

103 Popp, S. 97.

104 Günter Hartung hat Müllers poetisches Verfahren erstmals als ein allegorisches erkannt. (Vgl. Hartung, G. (2), S. 78).

> Deutungen. In der exegetischen Tradition werden diese beiden Bedeutungen als wörtliche (sensus litteralis, historia, verbum) und als, im engeren Sinne, allegorische Bedeutung (sensus allegoricus, sensus translatus) bezeichnet.[105]

Mit dem, was gesagt wird, wird also zugleich noch etwas anderes gesagt: zu jedem Text gibt es einen Praetext. "Das Sichtbare ist lesbar wie Buchstaben mit einer unsichtbaren Bedeutung."[106] "Treffend hat man Text und Praetext mit den zwei Stimmen in einer kontrapunktischen Musik verglichen. Text und Praetext überlagern sich. Sie illuminieren sich wechselseitig."[107] Eine entsprechende Definition findet im übrigen auch Wilhelm Müller bei seiner Charakterisierung der Gedichte Uhlands:

> Im Allgemeinen scheint mir aber nur eine Wechselwirkung zwischen Subject und Object den Charakter jener bezeichneten Dichtungsart zu bilden: so daß das Subjective die Gestalten, die es trägt, durchleuchtend und widerscheinend färbt, das Objective aber die Grundfarbe des Subjectiven bedingt.[108]

Unter dem "Subjectven" versteht Müller dabei das "Gemüth" als "Träger oder Spiegel" der "objeciven Gebilde"[109] bzw. "als subjective Unterlage des Objectiven"[110].

Daß diese Definitionen den Kern der lyrischen Sprache in der *Winterreise* treffen, leuchtet auf Anhieb ein. Popp, der in diesem Zusammenhang den so offensichtlichen Begriff der Allegorie zu vermeiden bemüht scheint, zieht aber im folgenden bedauerlicherweise die falschen Schlußfolgerungen. Er verkennt den hohen Kunstcharakter der hier angewandten allegorischen Form, indem er – seinem thematischen Ansatz verpflichtet – den Müllerschen Zyklus nach

---

105 Kurz, Gerhard: Metapher, Allegorie, Symbol, Göttingen 1982, S. 30.

106 Kurz, S. 40.

107 Kurz, S. 63.

108 Müller, Bd. 4, S. 110.

109 Müller, Bd. 4, S. 110.

110 Müller, Bd. 4, S. 129.

dem Konzept der Goetheschen Symbolkonzeption beurteilt.[111] Daß diese Vorgehensweise zumindest bedenklich oder gar fragwürdig ist, möge der nachfolgende Passus belegen, der sich einem Vergleich der sprachlichen Form in den Gedichten 'Der stürmische Morgen' (Müller) und 'Harzreise im Winter' (Goethe) verdankt:

> Bei Müller dagegen sieht das 'Herz' in der Natur nur 'sein eignes Bild', die Natur ist nicht transparent, sondern material, und deshalb läßt sie auch nichts 'Allgemeines, Inneres, Höheres' durchscheinen, sondern spiegelt eben nur dieses 'eigne Bild' des 'Herzens'. Das 'Allgemeine' findet sich in der Schlüssigkeit der Gleichung 'Winter' = 'Herz': der 'stürmische Morgen' wird als lyrisches Bild entworfen, damit das 'Herz' des fiktiven lyrischen Ich 'sein Bild' in ihm 'erkennen' kann, nichts ist darüber gesagt, wie sich denn nun das 'Herz' in dem winterlichen Himmel erblickt, und es kann nichts darüber gesagt werden, weil 'Herz' selbst Metapher für ein allgemeines – unglückliches, 'winterliches' – Erleben sein soll, und nicht für ein individuelles.[112]

Zunächst einmal ist hier festzuhalten, daß von einer "Gleichung 'Winter' = 'Herz'" nicht die Rede sein kann. Das Bild ist keine bloße Illustration im Sinne einer Parabel. Text ("Herz") und Praetext ("Winter") sind zweierlei, und zwischen diesen beiden findet etwas statt und zwar gerade aufgrund ihrer <u>Distanz</u>: Das "Herz" wird nicht einfach mit dem "Bild" am Himmel identifiziert, sondern es "sieht" dieses "Bild" als etwas Gemaltes, als ein Zeichen an, durch das es zugleich etwas über sich selbst erfahren kann. Auch geht es hier nicht primär um das Problem 'individuell-allgemein' der Goetheschen Symbolkonzeption, sondern um eine hiervon völlig verschiedene Erlebnis- und Aussageform.

---

111 Er orientiert sich dabei an dem berühmten Goethe-Zitat: "Was von meinen Arbeiten durchaus und so auch von den kleineren Gedichten gilt, ist, daß sie alle durch mehr oder minder bedeutende Gelegenheiten aufgeregt, im unmittelbaren Anschauen irgend eines Gegenstandes verfaßt worden, deshalb sie sich nicht gleichen, darin jedoch übereinkommen, daß bei besonderen äußeren, oft gewöhnlichen Umständen ein Allgemeines, Inneres, Höheres dem Dichter vorschwebte." (Goethe, Johann Wolfgang: Werke. Hamburger Ausgabe, hrsg. v. Erich Trunz, München [12]1981, Bd. 1, S. 393).

112 Popp, S. 104.

Popps Problem bei all dem scheint mir zu sein, daß er seine korrekten und teilweise sehr aufschlußreichen Beobachtungen unter dem Zwang seines methodischen Ansatzes – dem Beweis des Epigonentums Müllers – wieder zu neutralisieren genötigt ist. Seine Beurteilung der Müllerschen Gedichte ist durch Goethe dogmatisch beeinflußt, dessen wohl negativ verstandene Konzeption der Allegorie er offensichtlich völlig unkritisch als gegebene Wahrheit übernimmt:

> Es ist ein großer Unterschied, ob der Dichter zum Allgemeinen das Besondere sucht oder im Besonderen das Allgemeine schaut. Aus jener Art entsteht Allegorie, wo das Besondere nur als Beispiel, als Exempel des Allgemeinen gilt; die letztere aber ist eigentlich die Natur der Poesie, sie spricht ein Besonderes aus, ohne an's Allgemeine zu denken oder darauf hinzuweisen. Wer nun dieses Besondere lebendig erfaßt, erhält zugleich das Allgemeine mit, ohne es gewahr zu werden, oder erst spät.[113]

In diesem Zitat – das auf einer "zarten Differenz"[114] zwischen ihm und Schiller gründet – richtet sich Goethe nicht gegen das Verfahren der Allegorie als solcher. (In anderem Zusammenhang stellt er übrigens Allegorie und Symbol als gleichberechtigte Erkenntnisformen nebeneinander.) Wogegen sich Goethe wendet, ist die schlechte Allegorie. Würde man jedoch diesem ohnehin sehr eingeschränkten Allegoriebegriff – wie Popp es ja tut – folgen, so käme man zwangsläufig zu einer Position, die nicht nur Gedichte wie die der *Winterreise*, sondern auch Werke wie *Faust II* oder Gedichte wie 'Der Albatros' von Baudelaire oder annähernd die gesamte expressionistische Lyrik aus dem Kanon der literarischen Überlieferung ausscheiden müßte.

Meine Intention wird nun im weiteren darin bestehen, das Thema der Verschriftlichung auf seine Funktion im Zusammenhang mit den Themen der Erstarrung und der Entfremdung hin zu untersuchen. Hierfür scheint es mir nötig, zunächst einige wichtige erläuternde Belegstellen vorzuführen und kurz zu kommentieren.

---

113 Goethe, Bd. 12, S. 471.

114 Goethe, Bd. 12, S. 471.

> Das objektive Ausgangsbild ist immer eine Vorstellung von Bedekkung: die Schneedecke über der Erinnerung bergenden Erde, die Eisrinde über dem bewegten Fluß, die vom Sturm zerrissene Wolkendecke.[115]

Bereits im Eingangsgedicht 'Gute Nacht' gibt sich der Wanderer als Lesender und Schreibender zu erkennen. Beides wird thematisiert: der Aspekt des Zeichenlesens, der Versuch der Dechiffrierung wie auch derjenige des Zeichenerstellens, des Schreibens. Ersteres zeigt sich im Motiv der Spurensuche: "Und auf den weißen Matten / Such' ich des Wildes Tritt." Die Spuren im Schnee dienen dabei als die Zeichen, die dem Wanderer Aufschluß über sich selbst, über seinen Weg verschaffen sollen. Das Motiv des Schreibens taucht am Schluß des Gedichtes auf und kann als mißglückter Versuch der Wiederherstellung einer verloren gegangenen Unmittelbarkeit verstanden werden: "Ich schreibe nur im Gehen / Ans Thor noch Gute Nacht, / Damit du mögest sehen, / Ich hab' an dich gedacht." Hier bleibt nurmehr ein Zeichen in Form einer Botschaft zurück, als Ausdruck der gebrochenen Unmittelbarkeit des Ich.

Noch deutlicher zeigt sich das Motiv der Spurensuche im Gedicht 'Erstarrung', dessen Ziel der Gewinn eines "Angedenkens" sein soll: "Ich such' im Schnee vergebens / Nach ihrer Tritte Spur, / Hier, wo wir oft gewandelt / Selbander durch die Flur." Die Suche führt über verschiedene Etappen der Desillusionierung bis zum erfrorenen Herzen, in welchem das Bild der Geliebten nun eingeschmolzen ist: "Mein Herz ist wie erfroren, / kalt starrt ihr Bild darin". Dieses dient, nachdem in der äußeren Natur kein solches gefunden wurde, als ein Zeichen, als "Angedenken", das die Erinnerung an die Geliebte festzuhalten vermag. Im Weiteren erfährt man aus dem Gedicht 'Der Lindenbaum', daß der Wanderer wohl auch schon <u>vor</u> der gescheiterten Liebesbeziehung ein Schreibender war, denn dort heißt es im Rückblick: "Ich schnitt in seine Rinde / So manches liebe Wort; / Es zog in Freud' und Leide / Zu ihm mich immer fort." Also auch hier schon eine gebrochene

115 Stoffels, S. 134.

Unmittelbarkeit, ein Fort-Gezogensein, auch hier schon der Impuls, Erlebtes schriftlich zu fixieren.

Das ist ein wichtiges Detail. Denn daraus erhellt, daß das gescheiterte Liebeserlebnis eine initiatorische Funktion hatte: eine latent vorhandene Neigung kam dadurch erst zum Tragen. Dies entspricht auch dem Umstand, den das Eingangsmotto des Zyklus nahelegt: daß der Wanderer nämlich schon vor dem Einzug in die Stadt "Fremd" war, d.h., daß er von vorneherein schon so disponiert war, daß seine Liebe zwangsläufig scheitern mußte. Doch berechtigt diese Feststellung m.E. nicht dazu, diese Liebe – wie Hörisch es tut – nicht ernst zu nehmen oder gar als nebensächlich abzutun mit der Behauptung, "daß nicht die wahre Liebe es ist, die den Gesellen mit dem Mädchen verband. Allzu offensichtlich nämlich ist die Tendenz, um diese Liebe nicht zu kämpfen."[116] Statt dessen sei für den Wanderer, so Hörisch, das Problem von "doppelsinnig zu verstehender Ruhe und Bedeutsamkeit"[117] maßgeblich wichtig.[118] Was immer Hörisch darunter versteht, soviel läßt sich doch auch umgekehrt sagen: daß dieses Liebeserlebnis immerhin so tiefgreifend gewesen sein muß, daß gerade dadurch (und nicht durch einen anderen Faktor) eine so schwerwiegende Entwicklung wie die in der *Winterreise* thematisierte ausgelöst zu werden vermochte. Auch Manfred Frank stützt diese Behauptung, wenn er schreibt:

> Daß die 'Winterreise' das Erlebnis einer Liebesenttäuschung zum Anlaß für einige der düstersten Träume nimmt, die in dieser Zeit und überhaupt in der deutschen Literatur geträumt worden sind – das kann nur den irreführen, der die Liebe für eine unpolitische Angelegenheit hält. Wo anders aber sollte die Entfremdung des Menschen vom Menschen, die Beziehungslosigkeit, die Trennung des Privaten und des Allgemeinen als etwas die Subjekte Erschütterndes erlebt werden als

116 Hörisch, S. 51.

117 Hörisch, S. 51.

118 Zu solch einer nivellierenden Aussage gelangt auch Just, S. 466 f.: "Liebesleid spielt zwar eine Rolle, hat aber letzten Endes lediglich auslösende Funktion. Es wird vom Weltleid absorbiert." Leider bemüht sich Just nicht weiter um die Erläuterung dessen, was unter "Weltleid" zu verstehen sei, wie denn auch der ganze Aufsatz allzusehr im Phrasenhaften stecken bleibt.

> in der Erfahrung, daß die Liebe so unmöglich geworden ist wie die Verbindlichkeit, die ihr Dauer verleiht?[119]

Wie dem auch sei: Über dieses Liebeserlebnis selbst wissen wir nichts; der Text gibt darüber keine Auskunft. Deshalb führen Spekulationen jeglicher Art auch nicht weiter, allenfalls weiter weg vom Text. Befragt man aber den Text, so wird deutlich, daß sich der Wanderer seiner selbst doch gerade erst durch das vorangegangene Erlebnis bewußt wird, und zwar in einem umfassenden Sinn: mit allen negativen, wie auch positiven Konnotationen.

Um auf den 'Lindenbaum'-Text zurückzukommen: dem dort beschriebenen Schreiben haftet noch etwas sehr Unbestimmtes, Undifferenziertes, Unbewußtes an: weder "so manche(r) süße( ) Traum, noch "so manches liebe Wort" werden näher präzisiert. Anders hingegen verhält es sich im Gedicht 'Auf dem Flusse', dessen letzte drei Strophen ich hier vollständig wiedergeben will:

In deine Decke grab' ich
Mit einem spitzen Stein
Den Namen meiner Liebsten
Und Stund' und Tag hinein:

Den Tag des ersten Grußes,
Den Tag, an dem ich ging.
Um Nam' und Zahlen windet
Sich ein zerbrochner Ring.

Mein Herz, in diesem Bache
Erkennst du nun dein Bild?
Ob's unter seiner Rinde
Wohl auch so reißend schwillt?

Die hier vollzogene Handlung wirkt wie eine Reminiszenz an die im 'Lindenbaum' beschriebene. Doch sind hier alle Unbestimmtheiten offensichtlich durch konkrete Namen und Daten ersetzt. Das ins Eis eingravierte Schrift-Bild steht als Zeichen für das zurückliegende mißglückte Liebeserlebnis. Der "zer-

---

119 Frank (2), S. 134-135.

brochne( ) Ring" ist ein Symbol für den Treuebruch. Aber das Bild bedeutet auch noch mehr. Es ist zugleich ein Ausdruck für den Verlust der Sicherheit, die "Nam' und Zahlen" sonst gewährten, den Verlust jeglicher Garantie.

Das, was in den drei zitierten Strophen geschieht, ist in doppelter Weise artifiziell: zuerst wird ein Zeichen geschrieben ("grab' ich"), hernach wird der Schlüssel zu seiner Allegorese geliefert ("Erkennst du nun dein Bild?"). Es ist zugleich der Schlüssel, der den Zugang zur Be-Deutung des gesamten Zyklus öffnet. Auch in dieser Hinsicht ist 'Auf dem Flusse' ein poetologisches Gedicht.

An keiner anderen Stelle mehr wird ein so deutlicher Hinweis zur Dechiffrierung des Textes gegeben. Nach diesem Gedicht scheint sich – in Entsprechung zum Verlauf anderer Motivketten – unmerklich etwas zu verändern. Das Motiv des Schreibens wird explizit nicht mehr thematisiert. Daß es dennoch um Geschriebenes geht, gibt erst wieder 'Der Leiermann' zu erkennen. Dieses Verfahren läßt sich folgendermaßen begründen: 'Auf dem Flusse' markiert eine Zwischenstation der *Winterreise*. Hier wird ein Modus gefunden, der es dem Wanderer erlaubt, mit seiner Konfliktsituation umzugehen: "auditive – also unwillkürliche – Verlockung (wird) verdrängt durch visuelle, die eine kontrollierende Distanz, Reflexion und Entlarvung erleichtert."[120] Das Erlebte wird schriftlich fixiert; das Erinnerte ins Bild gebannt. Erinnerung wird fortan unterdrückt zugunsten einer anderen Seh- und Erlebnisweise. Hier wird die Entscheidung getroffen für den Eintritt in die unvertraute – weil erinnerungsferne – Fremde, die dem Wanderer als ein System von Bildern begegnet, in welchem die Wirklichkeit nur gespiegelt erscheint.[121] Mit der Abschottung gegen die Erinnerung entfällt die ihr

---

120 Stoffels, S. 98.

121 Auf diese Bilder will ich hier nicht näher eingehen, weil ich sie ausführlich im den Einzelgedichten besprochen habe. An dieser Stelle kommt es mir nur auf die Herstellung des Gesamtzusammenhanges an.

In zwei Gedichten ist noch von Gemaltem die Rede, womit ebenfalls der Aspekt des Zeichenhaften, Artifiziellen bestätigt wird ('Der stürmische Morgen': "Mein Herz sieht an dem Himmel / Gemahlt sein eignes Bild"; 'Frühlingstraum': Doch an den Fensterscheiben, / Wer mahlte die Blätter da").

verhaftete Motivation des Schreibens. Die Welt wird von vorne herein, quasi automatisch auf eine intellektuelle und abstrakte Weise erfaßt. Daß auch ursprünglich Vertrautes nunmehr in einer verzerrten, pervertierten Form erscheint, der das Ich mit einer zynischen und fatalistischen Haltung entspricht, läßt sich als Ausdruck der gesteigerten Verzweiflung deuten. Das ist eine hochbewußte Handlungsweise, bei welcher dem Ich auch nicht verborgen bleibt, daß es in einer Selbsttäuschung befangen ist. Im Gegenteil wird diese sogar positiv bewertet: "Nur Täuschung ist für mich Gewinn!"

Verschriftlichung bedeutet daher, um eine zusammenfassende Definition vorzunehmen, hier nicht die Bewältigung traumatischer Erfahrungen. Im Gegenteil hält sie den Widerspruch zwischen Wirklichkeit und Formulierung offen. Wirklichkeit ist nicht, sondern sie scheint auf, wird re-flektiert im sprachlichen Zeichen. Der Wanderer erlebt nicht, sondern er schreibt. Schreiben setzt eine Distanz zum Erlebten voraus, die im Rahmen der *Winterreise* als schmerzliche Entfremdung gedeutet werden muß. Daraus ergibt sich, daß die *Winterreise* von Anfang an nicht nur das Erlebnis der Entfremdung zum Inhalt hat, sondern auch dessen sprachliche Fixierung, die die Entfremdungssituation ihrerseits noch vergrößert: Die Sprache selbst hat Teil am System der Erstarrung. Beides wird im Gedicht 'Auf dem Flusse' verbunden: das Moment des Zeichenhaften in all seiner Absurdität (daß der Wanderer im Winter nach Spuren sucht, wo sie im Frühling gewandelt sind) und das Moment der seelischen Kälte, das in der Landschaft des Winters sein äußeres Äquivalent findet.

Entfremdung – Erstarrung – Fixierung: Diesem Themenkomplex möchte ich noch folgende bilanzierende Betrachtungen nachstellen: In einzigartiger und überaus kunstvoller Weise fügt die *Winterreise* diese Aspekte zu einem Bezugssystem zusammen, dessen Entstehung auf einer mißglückten Liebe beruht. Die daraus resultierende Verletzung führt – allegorisch betrachtet – konsequent zu einem Wärmeverlust und zu einem Kaltwerden des Herzens, das in den Winterbildern den entsprechenden Ausdruck für seine Situation findet. "Außerdem waltet zwischen der tödlichen Verwundung des Herzens und der Zerrüttung der Einheit des Bewußtseins ein offenbarer Zusammenhang."[122] Das Lebensgefühl, das daraus erwächst, ist eine Zerrissenheit, die in der *Winterreise* auf drei Ebenen erlebt wird: als die Entfremdung des Subjekts von der Welt und der Gemeinschaft, als die Entfremdung des Subjekts von sich selbst (als Verlust der eigenen Identität) und als die Entfremdung von Gott.

Dem Verlust von Einheit entspricht auf der Bildebene die Unüberschaubarkeit der Welt als ganzer. Landschaft wird deshalb in der *Winterreise* immer nur als Ausschnitt, als pars pro toto präsentiert. Erst alle Einzelbilder zusammen genommen vermitteln einen Gesamteindruck der dahinter stehenden Einheit.

Ebenso verhält es sich auch auf poetologischer Ebene. Die Form des Zyklus spiegelt dieselbe Grundsituation wider: Was das einzelne Gedicht nicht auszusagen vermag, darüber sprechen alle miteinander. Durch ihren Verbund im zyklischen Ganzen laden sie sich gegenseitig auf. Zwischen ihnen entstehen ein Motivgeflecht und zahlreiche Querverbindungen, die überschüssige Bedeutungen freisetzen. Was sie darüber hinaus verfugt, ist das durchgängige Thema der Wanderschaft im Winter, das auch als Bewegung, als rhythmischer Unterstrom des Volksliedtons präsent ist. Von Anfang an tritt zu dieser Bewegung noch eine andere, kreisförmige, hinzu, die sich auf der seelischen Ebene des Ich, als Wechsel zwischen Gefühlsoppositionen, ausdrückt. Diese zeigen sich in den verschiedenen Kontrasten von Erinnerung – Gegenwart, Frühling – Winter, Traum – Wachheit, Jugend – Alter, Helligkeit – Dunkelheit, Bewegung – Starre, Wärme – Kälte, Schein – Sein, Idealität – Realität. Auch in vielen Wortverbindungen und Bildern taucht die Figur des Kreises auf, wie etwa: "Fremd bin ich ein̲g̲ezogen, / Fremd zieh' ich wieder a̲u̲s̲", "Freud' und Leide", "Vom Abendroth zum Morgenlicht", "Ist bis heute für und für / Um mein Haupt geflogen", "Unsre Freuden, unsre Wehen","hin und her", schließlich auch im Bild des "Teller(s)", in der

122 Frank (1), S. 257. (Dieses Zitat bezieht sich bei Frank nicht auf den Kontext der 'Winterreise', aber auf Thematik der Herzenserstarrung und paßt deshalb sehr gut hierher.)

Kreisbewegung der "Hunde", die "Um den alten Mann" "brummen" und in der sich drehenden Leier selbst.

Die Figur des Kreises steht in enger Verbindung mit der poetischen Konzeption. In der Verwendung der zyklischen Form zeigt sich das Bemühen um einen Gegenentwurf zur Erfahrung der verloren gegangenen Einheit, die in kristallisierter Form im Bild vom "zerbrochne(n) Ring" zum Ausdruck gelangt. Diesen "Ring" versucht der Kreis der Lieder sehr kunstvoll zu schließen. Dabei wird die Spannungssituation, in der der Zyklus begonnen hat, bis zum Schluß aufrechterhalten. Die Kreisstruktur ist deshalb nicht so zu verstehen, daß sie eine Kompensation des existentiellen Verlusts leistet, sondern eher im Sinne einer ewigen Wiederkehr des immer Gleichen. Die Wanderschaft nimmt kein Ende. Aber der Sprache gelingt in doppelter Weise eine "Aufhebung der ziellosen Wanderung ins Gedicht"[123].

123 Frank (2), S. 139.

2.7. Ausklang

Dem Gedichtzyklus *Die Winterreise* kommt innerhalb des Müllerschen Œuvres eine herausragende Bedeutung zu. Dieser Tatsache möchte die vorliegende Arbeit, unabhängig von Schuberts Vertonung, Rechnung tragen. Erstrebt wurde eine angemessene und umfassende Würdigung des literarischen Kunstwerks. Durch die Befragung des Aussagegehalts der sprachlichen Form wurden wichtige Aufschlüsse für die Gesamtinterpretation gewonnen. Die Kohärenz der zyklischen Struktur wurde herausgearbeitet. Es konnte gezeigt werden, welcher Stellenwert dem Einzelgedicht im Zyklusganzen zukommt, und daß die Motive des Zyklus wie die Einzelstimmen eines polyphonen Satzgefüges in kunstvoller Weise das Grundthema der seelischen Erkaltung und Entfremdung umkreisen. Die Schlüsselfunktion des 'Leiermann'-Gedichts und dessen poetologische Bedeutung wurden in den Blick gerückt. Von hier aus konnten Rückschlüsse auf den Gesamtzyklus sowie auf Müllers poetisches Verfahren der Allegorie gezogen werden.

Abschließend wurde ein Zusammenhang zwischen dem Thema der Entfremdung, das in den Winterbildern zum Ausdruck kommt, und der von Müller gewählten allegorischen Form hergestellt. Es wurde deutlich, daß den Müllerschen Gedichten eine Wirklichkeitsproblematik zugrunde liegt, die in der Sprache ihren Niederschlag findet. Dem Erlebnis des Auseinanderdriftens der inneren und äußeren Realität antworten zwei Grundimpulse, die der Wirklichkeitsgewinnung dienen: der Impuls des Zeichenlesens, der Versuch der Dechiffrierung, und der des Zeichenerstellens, des Schreibens. Die Landschaft der *Winterreise* präsentiert sich dem, der sie durchwandert, als ein zu entschlüsselndes System von Bildern, in welchem die Wirklichkeit nur gespiegelt erscheint. Eng damit verbunden ist der Verlust von Unmittelbarkeit und die bewußte Verdrängung der Erinnerung. Die Selbsttäuschung, der das Ich dabei unterliegt, wird erkannt und positiv berwertet. Der Distanz des Erlebenden zum Erlebnis entspricht die Distanz der allegorischen Form.

Der psychologische Horizont der *Winterreise*, der auf Nietzsche vorauszuweisen scheint, wird als 'modern' empfunden und hat unser Interesse für den Autor Wilhelm Müller geschärft. Diese 'Modernität' ist aber nur ein Aspekt der Gedichte. Der andere ist ihre Bindung an die Form des Volkslieds und an die Tradition der Romantik. Gerade in der Spannung zwischen volkstümlicher Sageweise und moderner Wirklichkeitserfahrung liegt die besondere poetische Anziehungskraft dieser Gedichte.

IV. Anhang

Tabellarische Übersicht: Leben und Werk Wilhelm Müllers[1]

7.10.1794	Johann Ludwig Wilhelm Müller als sechtes Kind des Schneidermeisters Christian Leopold Müller (1752-1820) und dessen Frau Marie Leopoldine Cellarius Müller (1751-1808) in Dessau geboren.
1796	Geburt eines weiteren Kindes.
1797	Einzig überlebendes Kind der Familie.
1808	Tod der Mutter. Erste poetische Versuche. Der Vater heiratet die Fleischerswittwe Marie Gödel Seelmann (1769-1853).
1812	Abschluß der Schulzeit mit dem Abitur. Studium der klassischen Philologie und der Geschichte in Berlin.
1813	Freiwillige Teilnahme am Kampf gegen Napoleon. Als Leutnant in den Schlachten bei Lützen, Bautzen, Haynau und Kulm. Während der Entscheidungsschlacht bei Leipzig im Oktober 1813 im Prager Depot.
1814	Im Brüsseler Kommandanturbüro. Erste ernstere Liebe zu einer nicht näher bekannten Therese. Entstehung der 'Brüsseler Sonette'.
18.11.1814	Rückkehr nach Berlin. Wiederaufnahme des Studiums.
1815	Eingang in verschiedene literarische Zirkel Berlins. Mitglied eines Dichterbundes, der sich aus Teilnehmern der Befreiungskriege zusammensetzte. Platonische Liebe zu Luise Hensel. Beginn des Berliner Tagebuchs (1815-1816).
1816	Erste Veröffentlichungen Müllers. Unter dem Titel *Bundesblüthen* werden Gedichte der Dichterbund-Mitglieder publiziert.

1 Nach Baumann, Cecilia C. (2), S. 139-158.

Die *Blumenlese aus den Minnesingern* versammelt Müllers Nachdichtungen mittelalterlicher Lyrik.

1817 Beginn der journalistischen Tätigkeit. Veröffentlichung von Gedichten, Kurzprosa, ersten kritischen Aufsätzen und Übersetzungen aus dem Schottischen, Spanischen und Englischen.

1817-1818 Italienreise: über Wien nach Triest, Ferrara, Bologna, Florenz und Rom (Albano). Künstlerkolonie. Freundschaft mit Friedrich Rückert. Besichtigung von Neapel, Pompeji und Paestum.

Ende August: Rückreise nach Deutschland über Orvieto, Perugia, Florenz, Fiesole, Verona und Tirol.

Die Übersetzung von Christopher Marlowes *Doctor Faustus* wird publiziert.

1819 "Gehülfslehrerstelle" in Latein und Griechisch, gelegentlich auch Geschichte und Geographie an der neuorganisierten Gelehrtenschule in Dessau. Arbeit als Assistent an der jüngst eingerichteten herzoglichen Bibliothek; ab 1820 Herzoglicher Bibliothekar. Gründung der Zeitschrift *Askania: Zeitschrift für Leben, Literatur und Kunst* (bis Juni 1820, dann Einstellen).

Ende 1919: Beginn mit Beiträgen für den Leipziger Verlagsbuchhändler und Redakteur Friedrich Arnold Brockhaus. An folgenden Brockhaus-Publikationen arbeitete Müller mit: *Hermes*, *Urania*, *Zeitgenossen*, *Konversationslexikon*, *Literarisches Wochenblatt* (später *Konversationsblatt*), *Blätter für literarische Unterhaltung*.

1820 *Rom, Römer und Römerinnen.*

Siebenundsiebzig Gedichte aus den hinterlassenen Papieren eines reisenden Waldhornisten (Darin: *Die schöne Müllerin*); 2. Auflage 1826. Begründung seines Rufs als Lyriker.

Juni: Tod des Vaters.

1821 Heirat mit Adelheid von Basedow. Glückliche Ehe.

Beginn der Mitarbeit an der von Ersch und Gruber herausgegebenen *Allgemeinen Enzyklopädie der Wissenschaften und*

Künste in alphabetischer Folge von genannten Schriftstellern bearbeitet.

Lieder der Griechen (in mehreren Heften bis 1824). Begründung seines Rufs über die Grenzen Deutschlands hinaus. Ehrenname 'Griechenmüller'.

1822 Beginn der Herausgebertätigkeit für die bei Brockhaus erschienene *Bibliothek deutscher Dichter des 17. Jahrhunderts.* Vorworte Müllers in den ersten zehn Bänden. Beginn einer intensiven Auseinandersetzung mit dem Werk Byrons.

April: Geburt der Tochter Auguste.

1823 Dezember: Geburt des Sohnes Friedrich Max.

Erste kürzere Reisen zur Pflege literarischer Kontakte.

1824 *Gedichte aus den hinterlassenen Papieren eines reisenden Waldhornisten. Lieder des Lebens und der Liebe* (Darin: *Die Winterreise*).

Homerische Vorschule. Eine Einleitung in das Studium der Ilias und Odyssee (2. Auflage 1836).

1825 Herausgabe seiner Übersetzung der *Neugriechischen Volkslieder* von Claude Fauriel.

Reisen nach Berlin (Fanny Mendelssohn), auf die Insel Rügen, nach Berlin (Felix Mendelssohn), nach Dresden (Tieck).

1826 Gesundheitliche Wende: Schwerer Keuchhusten. Rekonvaleszenz in Franzensbad und Eger. Rückreise über Bayreuth, Wunsiedel, Nürnberg, Bamberg, Coburg, Rudolstadt, Jena und Weimar. Besuch bei Goethe.

Regieführung bei einer kleinen Theateraufführung in Dessau.

1827 *Lyrische Reisen und epigrammatische Spaziergänge.*

Erste Novelle *Der Dreizehnte* in der *Urania* abgedruckt.

Exkursion mit dem Dessauer Liederkreis in die Nähe von Zerbst.

Juli bis September: Rheinreise über Leipzig, Frankfurt, Mainz, Rüdesheim, Bingen, Köln, Bonn (Besuch bei August Wilhelm

	Schlegel) weiter nach Koblenz, Bingen, Wiesbaden, Frankfurt, Königstein, Falkenstein, Heidelberg, Karlsruhe, Baden-Baden, Straßburg und über Ludwigsburg nach Stuttgart zu den schwäbischen Dichtern (Schwab, Hauff, Uhland, Matthisson, Haug).
	Rückreise über Weinsberg (Kerner), Mergentheim, Würzburg, Gotha, Weimar (Besuch bei Goethe) und Leipzig (Brockhaus).
30.9.1827	Plötzlicher Tod durch Schlaganfall.

V. Bibliographie

1. Quellen

Allen, Philip Schuyler: Unpublished Sonetts of Wilhelm Müller, in: Journal of English and Germanic Philology 4, 1902, S. 1-9.

Fauriel, Claude: Neugriechische Volkslieder, gesammelt und hrsg. v. Claude Fauriel, übersetzt und mit des französischen Herausgebers und eigenen Erläuterungen versehen von Wilhelm Müller, 2 Bde., Leipzig 1825.

Hatfield, James Taft: (1) Another Unpublished Sonett of Wilhelm Müller, in: Journal of English and Germanic Philology 4, 1902, S. 517.

- : (2) Earliest Poems of Wilhelm Müller, in: Publications of the Modern Language Association of America 13, 1898, S. 250-285.

- : (3) Newly-discovered Political Poems of Wilhelm Müller, in: Modern Language Review 1, 1906, S. 212-221.

- : (4) Unpublished Letters of Wilhelm Müller, in: American Journal of Philology 24, 1903, S. 121-148.

Lohre, Heinrich (Hrsg.): Wilhelm Müller als Kritiker und Erzähler. Ein Lebensbild mit Briefen an F.A. Brockhaus und anderen Schriftstücken, Leipzig 1927.

Marlowe, Christopher: Doktor Faustus, mit einer Vorrede von Ludwig Achim von Arnim, übersetzt von Wilhelm Müller, Berlin 1818.

Müller, Arthur: Moderne Reliquen, Berlin 1845, S. 1-48.

Müller, Wilhelm: (1) Bibliothek deutscher Dichter des 17. Jahrhunderts, hrsg. v. Wilhelm Müller, 10 Bde., Leipzig 1822 ff.

- : (2) Diary and Letters of Wilhelm Müller, hrsg. v. Philip Schuyler Allen und James Taft Hatfield, Chicago 1903.

- : (3) (Hrsg.) und Wolff, Oskar Ludwig Bernhard (Hrsg.): Egeria. Raccolta di poesie Italiane populari, Leipzig 1829.

- : (4) Gedichte. Vollständige kritische Ausgabe, hrsg. v. James Taft Hatfield (Deutsche Literaturdenkmale des 18. und 19. Jahrhunderts, Bd.137), Berlin 1906, Neudruck Nendeln / Liechtenstein 1968.
- : (5) Gedichte aus den hinterlassenen Papieren eines reisenden Waldhornisten. Lieder des Lebens und der Liebe, hrsg. v. Wilhelm Müller, Dessau 1824.
- : (6) Griechenlieder. Neue vollständige Ausgabe, Leipzig 1844.
- : (7) Homerische Vorschule. Eine Einleitung in das Studium der Ilias und Odyssee, Leipzig 1824, 2. Aufl., hrsg. v. Baumgarten-Crusius, Leipzig 1836.
- : (8) Rom, Römer und Römerinnen. Eine Sammlung vertrauter Briefe aus Rom und Albano mit einigen späteren Zusätzen und Belegen, 2 Bde., Berlin 1820.
- : (9) Rom, Römer und Römerinnen, hrsg. v. Wulf Kirsten, Berlin ^{2}1983.
- : (10) Sieben und siebzig Gedichte aus den hinterlassenen Papieren eines reisenden Waldhornisten, hrsg. v. Wilhelm Müller, Dessau 1821, 2. Aufl. Dessau 1826.
- : (11) Vermischte Schriften von Wilhelm Müller, hrsg. und mit einer Biographie Müller's begleitet von Gustav Schwab, 5 Bde., Leipzig 1830.
- : (12) Die Winterreise und andere Gedichte, hrsg. v. Hans-Rüdiger Schwab, Frankfurt a.M. 1986.

Wahl, Paul (Hrsg.): Wilhelm Müllers Rheinreise von 1827 sowie Gedichte und Briefe, Dessau 1931.

2. Zitierte und verwendete Literatur

Adorno, Theodor W.: Schubert, in: Schriften 17, S. 18-33.

Alexis, Willibald (Theodor Häring): Erinnerungen, hrsg. v. Max Ewert, Berlin 1905.

Allen, Phillip Schuyler.: Wilhelm Müller and the German Volkslied, Diss. Chicago 1899, Nachdruck in: The Journal of Germanic Philology 2, 1991, Nr. 3,3; Nr. 1,3; Nr. 4.

Augustin, Hermann: Ein treues Lied, in: Schweizerisches Monatsheft 46, 1966, S. 85-97.

Baum, Günther: (1) Das Problem der 'Winterreise', in: Neue Zeitschrift für Musik 111, 1950, S. 643-44.

- : (2) Schubert-Müllers 'Winterreise' – neu gesehen, in: Neue Zeitschrift für Musik 128, 1967, S. 78-80.

Baumann, Cecilia C.: Wilhelm Müller. The Poet of the Schubert Song Cycles: His Life and Works, Pennsylvania State University 1981.

Baumann, Cecilia C.: The Life and Works of Wilhelm Müller, Diss. Northwestern University 1970.

Becker, Alois: Die Kunstanschauung Wilhelm Müllers. Ein Beitrag zum Verständnis und zur Würdigung seiner künstlerischen Persönlichkeit, Diss. Leipzig 1908.

Benn, Gottfried: Gesammelte Werke in vier Bänden, hrsg. v. Dieter Wellershoff, Wiesbaden und München [4]1977.

Brandenburg, Hans: 'Die Winterreise' als Dichtung: Eine Ehrenrettung für Wilhelm Müller, in: Aurora 18, 1958, S. 57-62.

Cottrell, Alan P.: (1) Wilhelm Müllers lyrische Liederzyklen, Diss. Ohio State University 1963.

- : (2) Wilhelm Müllers Lyrical Song-Cycles: Interpretations and Texts, Chapel Hill 1970.

Deutsches Wörterbuch von Jacob und Wilhelm Grimm. Nachdruck der Erstausgabe 1854, München 1984.

Ertzdorff, Xenia: Die Dame im Herzen und Das Herz bei der Dame. Zur Verwendung des Begriffs "Herz" in der höfischen Liebeslyrik des 11. und 12. Jahrhunderts, in: Beiträge zur Geschichte der deutschen Sprache und Literatur, Bd. 84, Halle 1962, S. 6-46.

Feil, Arnold: Franz Schubert. 'Die schöne Müllerin', 'Winterreise'. Mit einem Essay 'Wilhelm Müller und die Romantik' von Rolf Vollmann, Stuttgart 1975.

Fischer-Dieskau, Dietrich: Auf den Spuren der Schubert-Lieder: Werden, Wesen und Wirkung, Wiesbaden 1971.

Frank, Manfred: (1) Das kalte Herz. Texte der Romantik, ausgewählt und interpretiert von Manfred Frank, Frankfurt a.M. 1978.

- : (2) Die unendliche Fahrt. Ein Motiv und sein Text, Frankfurt a.M. 1979.

Franke, O.: Zur Biographie des Dichters Wilhelm Müller, in: Mitteilungen des Vereins für Anhaltische Geschichte und Altertumskunde, hrsg. v. Wilhelm Hosäus, Bd. 5, Dessau 1890, S. 33-44.

Freitag, Michael: Die 'Winterreise' – Ingo Arnolds Bilder zu einem alten Gedicht und einer neuen Vertonung, in: Referate der Dessauer Symposien, Heft 11, Dessau 1987, S. 26-30.

Frenzel, Elisabeth: Motive der Weltliteratur. Ein Lexikon dichtungsgeschichtlicher Längsschnitte, Stuttgart [3]1988.

Friedländer, Max: Schubert-Album. Sammlung der Lieder für eine Singstimme mit Pianofortebegleitung, Bd. 1, Leipzig o.J.

Fröhlich, Hans J.: Wilhelm Müller: Im Dorfe, in: Frankfurter Anthologie 3, 1978, S. 59-62.

Gad, Gernot: Wilhelm Müller. Selbstbehauptung und Selbstverleugnung, Diss. Berlin 1989.

Georgiades, Thrasybulos G.: Schubert: Musik und Lyrik, Göttingen 1967.

Gespräch mit Reiner Bredemeyer und Ingo Arnold, in: Sinn und Form 41, 1989, S. 386-396.

Goedeke, Karl: Wilhelm Müller, in: Derselbe: Grundriß zur Geschichte der deutschen Dichtung, Bd. 8, Dresden 1905, S. 255-279.

Goethe, Johann Wolfgang: Werke. Hamburger Ausgabe, hrsg. v. Erich Trunz, München [12]1981.

Goethes Gespräche in vier Bänden. Eine Sammlung zeitgenössischer Berichte aus seinem Umgang auf Grund der Ausgabe und des Nachlasses von

Flodoard Freiherrn von Biedermann, ergänzt und hrsg. v. Wolfgang Herwig, Zürich und Stuttgart 1972.

Hachtmann, Otto: Wilhelm Müller und wir, in: Deutsche Rundschau 213, 1927, S. 70-77.

Haefeli-Rasi, Madeleine: Wilhelm Müller: 'Die schöne Müllerin'. Eine Interpretation als Beitrag zum Thema 'Stilwandel' im Übergang von der Spätromantik zum Realismus, Diss. Zürich 1970.

Härtling, Peter: (1) Der Wanderer, Darmstadt 1988.

- : (2) Das wandernde Wasser. Musik und Poesie in der Romantik, Stuttgart 1994.

Haesler, Ludwig: Franz Schuberts 'Winterreise': Zur Dynamik der psychologischen Entwicklung und ihrer musikalischen Realisierung, in: Gutwinski-Jeggle, Jutta (Hrsg.): "Die klugen Sinne pflegend". Psychoanalytische und kulturkritische Beiträge. Hermann Beland zu Ehren, Tübingen 1993, S. 379-397.

Hake, Bruno: Wilhelm Müller: Sein Leben und Dichten, Kap. IV: Die schöne Müllerin, Berlin 1908.

Handwörterbuch des deutschen Aberglaubens, hrsg. v. Hanns Bächtold-Stäubli. Berlin und Leipzig 1927-1942.

Hartung, Günter: (1) Ich kann zu meiner Reisen nicht wählen mit der Zeit ... Zum 150. Todestag Wilhelm Müllers, in: Dessauer Kalender 1977, S. 66-72.

- : (2) Wilhelm Müller und das deutsche Volkslied, in: Weimarer Beiträge. Zeitschrift für Literaturwissenschaft, Ästhetik und Kulturtheorie 23, 1977, S. 46-85.

- : (3) "Am Brunnen vor dem Tore ..." Über ein Lied von Wilhelm Müller und Franz Schubert, in: Interkurs 77. Internationaler Hochschulferienkurs für Germanistik der Martin-Luther-Universität Halle / Wittenberg. Reden und Vorträge, hrsg. v. Dietrich Löffler und Dieter Bähtz, Halle / Saale 1978, Bd. 9, S. 23-38.

Hartung, Ulrich: 'Die Winterreise' – an argument for performing the cycle of songs by Franz Schubert in the order of the poems by Wilhelm Müller, Diss. New York University 1992.

Hatfield, James Taft: Berichtigung des Datums und Inhalts eines Goetheschen Gespräches mit Kanzler Friedrich von Müller, in: Goethe-Jahrbuch 29, 1908, S. 184-190.

Heine, Heinrich: (1) Briefe. Erste Gesamtausgabe nach den Handschriften, herausgegeben, eingeleitet und erläutert v. Friedrich Hirth, Mainz 1950.

- : (2) Historisch-kritische Gesamtausgabe der Werke, hrsg. v. Manfred Windfuhr, Düsseldorf 1979.

Herder, Johann Gottfried: Schriften zur Ästhetik und Literatur 1767-1781, hrsg. v. Gunter E. Grimm, Frankfurt a.M. 1993.

Hörisch, Jochen: "Fremd bin ich eingezogen". Die Erfahrung des Fremden und die fremde Erfahrung in der 'Winterreise', in: Athenäum. Jahrbuch für Romantik, Paderborn 1991, S. 41-67.

Hunger, Herbert (Hrsg.): Lexikon der griechischen und römischen Mythologie, 5. erweiterte und ergänzte Auflage, Wien 1959.

Jacobi, Johann Georg: Sämtliche Werke. Zürich ²1807.

Just, Klaus Günther: Wilhelm Müllers Liederzyklen 'Die schöne Müllerin' und 'Die Winterreise', in: Zeitschrift für deutsche Philologie 83, 1964, S. 452-471.

Kaiser, Joachim: Beschwichtigendes Selbstgespräch, in: Frankfurter Anthologie 11, S. 113 ff.

Koepke, Richard P.: Wilhelm Müllers Dichtung und ihre musikalische Komposition, Diss. Northwestern University 1924.

Kohut, Adolf: Wilhelm Müller. Eine biographisch-kritische Studie, in: Nord und Süd 71, 1894, S. 235-250.

Kreutzer, Hans Joachim: Wilhelm Müller und die Koordinaten der Literaturgeschichte, in: Schubert-Kongreß Wien 1978. Bericht, hrsg. v. Otto Brusatti, Graz 1979, S. 259-267.

Kurz, Gerhard: Metapher, Allegorie, Symbol, Göttingen 1982.

Kurzke, Hermann. Heraus aus der Sinnmühle. Die frechen Buben der Romantik und ihre gar wilden Nachfahren, in: Frankfurter Allgemeine Zeitung 185 vom 12.8.1991, S. 22.

Leistner, Maria-Verena: Wilhelm Müller – Bürger von Dessau und Weltbürger, in: Dessauer Kalender 1994, S. 52-57.

Malisch, Kurt: 24 Stationen der Verzweiflung. Franz Schuberts Liederzyklus 'Winterreise'. Discographie, in: FonoForum 2/94, S. 24-31.

Mann, Thomas: Der Zauberberg, in: Gesammelte Werke in Einzelbänden. Frankfurter Ausgabe, hrsg. v. Peter de Mendelssohn, Frankfurt a.M. 1981, Bd. 6.

Mecklenburg, Norbert (Hrsg.): Literarische Wertung. Texte zur Entwicklung der Wertungsdiskussion in der Literaturgeschichte (Deutsche Texte 43), Tübingen 1977.

Müller, Friedrich Max: Wilhelm Müller, in: Allgemeine Deutsche Biographie 22, 1885, S. 683-694.

Müller, Joachim: Das zyklische Prinzip in der Lyrik, in: Germanisch-Romanische Monatsschrift 20, 1932, S. 1-20.

Mustard, Helen Meredith: The Lyric Cycle in German Literature, New York 1946.

Nollen, John: Heine and Wilhelm Müller, in: Modern Language Notes 17, 1902, S. 103-110, S. 131-138.

Padrutt, Hanspeter: Der epochale Winter. Zeitgemäße Betrachtungen, Zürich 1984.

Pascale, Terrin: Der Müller und der Tod – Analyse und Interpretation von Müllers Liederzyklus 'Die schöne Müllerin', Université de Metz 1981/82.

Popp, Wolfgang: Die Dichtung Wilhelm Müllers. Ein Beitrag zum Problem sekundärer dichterischer Erscheinungen in der Literaturgeschichte, Diss. Konstanz 1967.

Reeves, Nigel: The Art of Simplicity: Heinrich Heine and Wilhelm Müller, in: Oxford German Studies 5, 1970, S. 48-66.

Reininghaus, Frieder: Schubert und das Wirtshaus. Musik unter Metternich, Berlin 1980.

Richardson, Margaret E. A.: Wilhelm Müller's Poetry of the Sea, in: Modern Language Review 18, 1923, S. 323-334.

Schnell, Rüdiger: Causa amoris. Liebeskonzeption und Liebesdarstellung in der mittelalterlichen Literatur, Bern 1985.

Schochow, Lilly und Maximilian: Franz Schubert. Die Texte seiner einstimmig komponierten Lieder und ihre Dichter, vollständig gesammelt und kritisch herausgegeben von Maximilian und Lilly Schochow, Geleitwort von Walter Gerstenberg, 2 Bde., Hildesheim 1974.

Schostack, Renate: Müllers Pein. Das Schicksal einer Edition, in: Frankfurter Allgemeine Zeitung vom 16.3.1994, S. 37.

Schulze, Joachim: O Bächlein meiner Liebe. Zu einem unheimlichen Motiv bei Eichendorff und Wilhelm Müller, in: Poetica 4, 1971, S. 215-223.

Schwab, Hans-Rüdiger: "... die Zeit beherrscht die Kunst." Studien zum politischen und sozialen Bewußtsein in der Literatur der deutschen Spätromantik, Diss. München 1986.

Sengle, Friedrich: Biedermeierzeit: Deutsche Literatur im Spannungsfeld zwischen Restauration und Revolution, 1815-1848, 2 Bde., Stuttgart 1971-1972.

Spiecker, Frank: Luise Hensel and Wilhelm Müller, in: Germanic Review 8, 1933, S. 265-277.

Staiger, Emil: Musik und Dichtung. Vierte, um einen zweiten Teil erweiterte Auflage, Zürich / Freiburg 1947 und 1980, S. 187-199.

Stechow, Wolfgang: Der greise Kopf. Eine Analyse, in: Festschrift für Werner Neuse, Berlin 1967, S. 65-67.

Stoffels, Ludwig: Die Winterreise. Müllers Dichtung in Schuberts Vertonung, Bd. 1, Bonn 1987.

Theobaldy, Jürgen: Wilhelm Müller: Mut!, in: Frankfurter Anthologie 10, S. 135.

Uhland, Ludwig: Gedichte, hrsg. v. Hans-Rüdiger Schwab, Frankfurt a.M. 1987.

Uthmann, Jörg von: Wilhelm Müller: Der Lindenbaum, in: Frankfurter Anthologie 4, 1979, S. 53-57.

Viertel, Annemarie: Übernahme und Weiterentwicklung des romantischen Erbes durch Heinrich Heine, dargestellt an einem Vergleich zwischen Heines 'Lyrischem Intermezzo' und den '77 Gedichten aus den hinterlassenen Papieren eines Waldhornisten' von Wilhelm Müller, in: Dessauer Kulturspiegel 2, 1956, S. 53-59, S. 87-92, S. 129-135.

Vollmann, Rolf: Wilhelm Müller und die Romantik, in: Arnold Feil: Franz Schubert. 'Die schöne Müllerin'. 'Winterreise', Stuttgart 1975, S. 173-184.

Wäschke, Hermann: Aus Wilhelm Müllers Jugendzeit, in: Zerbster Jahrbuch 10, 1914, S. 56-71.

Werner, Hans-Georg: Geschichte des politischen Gedichts in Deutschland von 1815 bis 1840, Berlin 1969.

Wetzel, Heinz: (1) "Fremd zieh' ich wieder aus." Fragen an Wilhelm Müller, in: Knapp, Gerhard P. (Hrsg.): Autoren damals und heute. Literaturgeschichtliche Beispiele veränderter Wirkungshorizonte, Amsterdam / Atlanta 1991, S. 173-210.

- : (2) Wilhelm Müller, 'Die schöne Müllerin' und 'Die Winterreise': Die Frage nach den Zusammenhängen, in: Aurora 53, 1993, S. 139-171.

Wilpert, Gero von: Sachwörterbuch der Literatur, Stuttgart ^{6}1979.

Wirsing, Sibylle: Wilhelm Müller: Rückblick, in: Frankfurter Anthologie 3, 1978, S. 63-66.

Wirth, Alfred: (1) Am Brunnen vor dem Tore. Zur Entstehung von Wilhelm Müllers Gedicht 'Der Lindenbaum', in: Dessauer Kulturspiegel 12, 1955, S. 414-415.

- : (2) Studien zu Wilhelm Müller, in: Anhaltische Geschichtsblätter 4, 1928, S. 125-161.

- : (3) Wilhelm Müller und das Volkslied, in: Mitteldeutsche Blätter für Volkskunde 3, 1928, S. 136-142.

Witkop, Phillip: Die deutschen Lyriker von Luther bis Nietzsche, Bd. 2, Leipzig und Berlin ^{2}1921.

Wörterbuch der deutschen Volkskunde, hrsg. v. Oswald A. Erich und Richard Beitl, 3. Auflage, neu bearbeitet v. Richard Beitl unter Mitarbeit v. Klaus Beitl, Stuttgart 1974.

Wollny, Ute: Ortstermin: Lindenbaum. Spurensicherung zu Text und Zeichen, Noten und Nöten der 'Winterreise' von Wilhelm Müller, in: Formstrukturen und Sinnstrukturen in der Kunst. Wissenschaftliche Zeitschrft der Humbold-Universität Berlin. Geistes- und Sozialwissenschaften 40, 1991, S. 101-107.

Zwischen Wörlitz und Mosigkau. Schriftenreihe zur Geschichte der Stadt Dessau und Umgebung 21, 1977: Sonderheft Wilhelm Müller.

GPSR Compliance

The European Union's (EU) General Product Safety Regulation (GPSR) is a set of rules that requires consumer products to be safe and our obligations to ensure this.

If you have any concerns about our products, you can contact us on ProductSafety@springernature.com

In case Publisher is established outside the EU, the EU authorized representative is:

Springer Nature Customer Service Center GmbH
Europaplatz 3
69115 Heidelberg, Germany

Batch number: 10578188

Printed by Printforce, the Netherlands